数字时代的
高等教育变革

李　珩 / 著

重庆大学出版社

图书在版编目（CIP）数据

数字时代的高等教育变革 / 李珩著. --重庆：重庆大学出版社，2025.5. -- ISBN 978-7-5689-5138-8

Ⅰ. G649.21

中国国家版本馆CIP数据核字第2025W52M75号

数字时代的高等教育变革

李 珩 著

责任编辑：傅珏铭　　版式设计：张 晗

责任校对：关德强　　责任印制：张 策

*

重庆大学出版社出版发行

出版人：陈晓阳

社址：重庆市沙坪坝区大学城西路21号

邮编：401331

电话：（023）88617190　88617185（中小学）

传真：（023）88617186　88617166

网址：http：//www.cqup.com.cn

邮箱：fxk@cqup.com.cn（营销中心）

全国新华书店经销

重庆市国丰印务有限责任公司印刷

*

开本：787mm × 1092mm　1/16　印张：12　字数：201 千

2025年5月第1版　2025年5月第1次印刷

ISBN 978-7-5689-5138-8　定价：68.00元

序　一

教育拥抱变革，重塑未来

——数字时代的高等教育使命

当我们处在21世纪的第三个十年回望，数字技术的浪潮已深刻重塑了人类社会的每一个角落。从移动支付到人工智能诊疗，从虚拟社交到元宇宙空间，数字文明正以指数级的增长速度重构我们的生活方式、思维模式乃至文明形态。当虚拟现实技术重构学习场景，当人工智能渗透教学全过程，当大数据分析重塑教育评估体系，我们比任何时候都更需要以清醒的认知和前瞻的思考，探索高等教育在技术浪潮中的变革路径。《数字时代的高等教育变革》的出版，正是对这一时代命题的深刻回应。

在传统教育模式下，我们习惯了固定的教学时间、地点和方式，教师在讲台上口若悬河地讲授知识，学生则被动地接受。然而，随着数字技术的飞速发展，这种模式正在被逐渐打破。互联网、大数据、人工智能等新兴技术如同一股强大的力量，冲击着教育的方方面面，为高等教育带来了全新的机遇与挑战。这本书深入探讨了数字时代高等教育变革的各个方面，从教学模式的创新到教育资源的整合，从学习方式的转变到教育评价体系的重构，无不展现出作者对这一领域的深刻洞察和前瞻性思考。书中通过丰富的案例和翔实的数据，生动地描绘了数字技术如何重塑高等教育生态的情景，让我们清晰地看到未来高等教育的雏形。

我们需要积极拥抱数字技术，推动教育教学改革，为学生创造更加优质的教育环境。在这场前所未有的变革中，高等教育作为人类知识传承与创新的核心载体，正经历着自印刷术发明以来最深刻的范式革命。

记得2020年春天，当全球高校在一夜之间将课堂迁移至云端时，教育工作者们经历了从技术适应到理念颠覆的阵痛。有的老教授感慨："教书数十载，从未想过会通过屏幕见证学生眼里的光芒。"这束穿越光纤的求知之光，恰是数字时代高等教育变革的生动隐喻——当慕课平台汇聚万千学子，当虚拟仿真实验室突破空间桎梏，当学习分析系统精准描绘认知轨迹，我们不得不重新思考大学围墙的物理边界消解后，高等教育的本质价值究竟何在。

数字技术首先带来的是教育要素的体系性解构。传统课堂中固化的"教师—教材—教室"铁三角，正在被算法推荐的知识图谱、智能助教的个性陪伴、跨国界的学习社群重新定义，知识传播方式从稀缺性垄断走向开放性共享，从标准化灌输走向个性化生长。解构只是变革的前奏，真正的挑战在于重构数字时代的教育生态。当知识获取变得容易便捷时，大学必须重新锚定其不可替代的价值坐标。斯坦福大学"开环大学"计划取消固定学制，代之以终身学习账户；新加坡国立大学推出"翻转校园"，将实体校园转型为创新实践枢纽。这些探索昭示着未来大学的可能形态：它不再是特定年龄段的"教育工厂"，而是贯穿个体生命周期的"认知伙伴"；其核心功能将从知识传授转向价值塑造，从技能培训转向元能力培养。

在这场变革中，我们既要警惕技术至上主义的陷阱，也要避免陷入怀旧保守主义的窠臼。当学生操控数字化漫步云端校园时，那些程序代码构建的银杏大道与图书馆穹顶，是否还能传递百年学府的精神气质？这个充满象征意味的场景，叩击着每个教育者的心灵，数字化的终极目标不应是构建完美的虚拟镜像，而是要让技术成为人文精神传播的新介质。当机器智能无限逼近人类认知能力时，教育必须更加聚焦"人何以为人"的本质追问。这要求我们培养具有数字素养的"完整的人"：既能驾驭算法工具，又能守护人性温度；既通晓编程语言，又理解文明密码；既能进行数据推理，又能作出价值抉择。我们既要让飞檐斗拱间流淌的文化血脉永续传承，也要在量子比特中孕育新的文明可能。这或许就是当代大学的历史使命——在数字浪潮中做坚定的灯塔，既照亮来时的路，也指引未来的航向。

谨以为序。

饶劲松

2025年3月于重庆大学

序　二

站在教育数字化转型的潮头，每一位高等教育工作者都在见证着“数字文明”对大学教育的深刻重塑。作为曾经担任国家级教师教学发展中心主任的教育工作者，我深切感受到这场变革正以指数级的增长速度重构着高等教育的基因图谱。《数字时代的高等教育变革》的出版，恰似一面对焦时代的棱镜，将技术驱动的教育创新光谱折射为可触可感的实践路径，为高校的数字化转型提供了全景式导航。

高等教育正经历着从“数字化辅助”向“数智化重塑”的范式迁移。本书突破传统教育技术研究范畴，以教育部首批新文科研究与改革实践项目成果为基石，构建了“理论筑基—技术赋能—教育重构”的三维分析框架。这种突破学科疆界的全局视野，精准切中了数字时代高等教育变革的本质特征——当知识生产模式发生根本性变革时，大学的组织形态、教学范式、师生关系必将迎来系统性重构。

教育部的“教育数字化战略行动”明确提出要构建智慧教育新生态。本书的价值正在于将宏观战略转化为可操作的实践方案，为专业和课程建设提供了兼具理论深度与实践温度的创新指南。在重庆大学教师教学发展中心组织的多轮研讨中，本书的阶段性成果已催生出多个教育教学改革研究项目，有效提升了教师的信息化教学胜任力。

本书还提倡“技术为人，教育向善”的价值主线。在效率至上的技术洪流中，这种对教育本质的坚守尤为可贵。当我们用知识图谱描绘认知轨迹时，不应忘记每个节点背后跃动的青春面孔；当AI生成精准的教学分析报告时，更要守护师生间那份温暖的情感连接——这或许正是本书给予教育者最珍贵的启示。

期待这本书能成为高等教育工作者穿越数字变革迷雾的指南针。让我们共同以开放包容的胸襟拥抱技术变革，以慎思明辨的智慧驾驭创新浪潮，在守护大学精神与拥抱数字文明之间，走出一条中国高等教育高质量发展的新路。

彭静

2025.3

序　三

重塑教育的未来——与数字时代同行

人类正站在一个时代的十字路口。数字技术与人工智能的迅猛发展，如同浪潮般席卷全球，重塑了人类社会的生产方式、生活方式，甚至思维方式。在这场深刻的变革中，高等教育作为人类文明传承与创新的主要载体，正面临着前所未有的挑战与机遇。如何重新定义教育的本质？如何重构教与学的关系？如何培养适应未来社会的人才？这些问题，既是教育者的使命，也是全社会的共同关切。重庆大学教师教学发展中心李珩博士的最新力作《数字时代的高等教育变革》，正是对这一时代命题的深度回应。

过去十年，数字技术和人工智能从实验室走向大众视野，从技术概念转化为社会变革的驱动力。AlphaGo 击败人类棋手、ChatGPT 引发全球热议、AI 绘画与写作工具颠覆创作范式、DeepSeek 横空出世……这些标志性事件不断提醒我们：知识获取的壁垒正在崩塌，技能更迭的速度远超想象；传统教育模式已难以满足个体、家庭与社会的需求。

无论技术赋能教育带来的改变如何，教育的核心都是人。我们既要正视 AI 在个性化教学、资源普惠、管理效率等方面的巨大潜力，也需警惕技术至上主义对教育本质的消解。当算法能够替代教师完成知识传递时，教育的价值将更多转向"人的塑造"——培养批判性思维、创造力、同情心以及解决复杂问题的能力。这一过程中，教师的角色将从"知识权威"转变为"成长导师"，课堂将从"单向传授"进化为"共生共创"，而大学则需变为具有终身学习生态的大本营，成为连接技术、社会与人的可持续发展的枢纽。

近年来，世界范围内的高等教育实践经验表明，技术本身并非答案，真正的变革源于教育理念的升维——从“培养适应工业社会的标准化人才”转向“孕育具备数字素养与人文精神的未来公民”。

本书的写作过程恰逢全球教育界对生成式AI的探索和实践、讨论和争议。ChatGPT和DeepSeek的相继出现，既让我们惊叹于技术的突破，也让许多教育者陷入“恐慌”。但恐慌从来不是应对变革的方式。数字技术和人工智能不是教育的敌人，而是重塑教育生态的伙伴。我们需要构建一种“人机协同”的新范式——让机器处理数据与重复劳动，让人专注于启迪心智、激发创新与传承文明。

谨以此书献给所有关心教育未来的同行者。无论您是教育政策制定者、高校教师、研究者，还是正在探索学习路径的学生，抑或是技术领域的实践者，希望本书能为您提供思想的火花与实践的参考。数字时代的高等教育变革没有标准答案，但我们可以共同书写这一展望——以开放的心态拥抱技术，以理性的思考驾驭变革，以教育的温度守护人性。

未来已来，唯变不变。让我们携手同行，在技术与人文的融合中，谱写高等教育的新篇章。

李正良

2025年1月7日

于虎溪花园

前　言

本书系中华人民共和国教育部新文科研究与改革实践重大项目《融合先进信息技术的新文科有效教学模式实践研究》（2021180027）以及2022年度高等教育科学研究规划课题（22XX0103）的重要成果。

教育，是一场与时代共舞的旅程。近年来，随着信息技术的飞速发展，这场旅程迈入了新的篇章。新技术以势不可挡的趋势进入课堂，重塑了教学的边界。从慕课的兴起到人工智能的全面赋能，教育正在经历一场前所未有的深刻变革。这不仅是工具的更新，更是理念的革新，是人类与技术携手迈向未来的一次崭新探索。

本书正是立足于这一教育变革浪潮之中，从变革的起点到未来的远方，梳理教育技术发展的脉络，探讨技术与教育深度融合的可能性。全书分为三大部分：

第一部分“变革开启——慕课兴起与教育革命”，聚焦慕课技术的崛起，剖析其如何重新定义教育的形态。这部分详细地叙述了从慕课引发的教育变革到基于慕课平台的课程创新的过程，展现了教育从传统形式走向数字化的演进轨迹，并提出了建设高质量慕课的关键要素。

第二部分“颠覆课堂——现代教学的新形态”，着眼于现代教育技术对课堂教学的重塑，聚焦直播教学、混合式学习和知识地图等教学模式的创新实践。同时，这部分也深刻探讨了数字教育的内在悖论，为读者呈现出技术裹挟下的教育挑战与启示。

第三部分“未来已来——生成式人工智能的教学实践”，以生成式人工智能为切入点，畅想未来教育的无限可能。从AIGC赋能课堂设计到对话式教育的重塑，再到AI Agent迈向通用人工智能（AGI）的愿景，这些变化为教育的未来提供了全新的探索方向。

本书想要传达的不仅是技术如何改变教育的结果，还有如何重新思考教育的意义。在这场人类与技术的共舞中，教育的本质究竟是什么？是高效传递知识，还是塑造完整而自由的人？是追求技术效率的极致，还是探索教育公平的可能？当技术能为我们建造无数通往知识的桥梁，教育者是否也应重新构筑一条通往智慧与价值的道路？

本书的编写凝结了教育学与信息技术领域众多专家的智慧与心血。在创作过程中，我们试图将理论与实践相结合，以更加深邃的视角、更加开阔的思路呈现这一时代教育技术发展的面貌。在此，特别感谢为本书提供建议与支持的学者与教育工作者，以及对本书出版倾力支持的出版机构。

我们深知，教育技术的发展浩瀚而复杂，编者的视角难免有限，书中的观点与内容或有不足之处。在此，我们诚挚地邀请广大读者批评指正，以期在未来不断完善我们的研究与思考。

教育是一场以人为核心的漫长探索，技术可以照亮脚下的路，但能否到达远方，取决于我们内心的方向。希望本书能成为您思考未来教育之路的一个起点，也期待它能为您的教学实践带来启发。在这场时代的变革中，愿每一位教育者都能执掌风帆，勇敢前行，塑造属于自己的未来教育之路。

目录

第一部分

第二部分

第一部分

变革开启——慕课兴起与教育革命

在教育的宏大乐章中，慕课如同一支崭新的旋律，奏响了教育变革的序曲。它又似一道巍峨的长桥，穿越时空的藩篱，将优质的教育资源与求知若渴的学习者连接在一起。

岁月翻至新的篇章，教育的变革悄然拉开帷幕。双手一伸，大师之课堂便近在咫尺；指尖一点，名校之门户便为我敞开。

新生代学生的脚步踏上了这片思想碰撞的沃土，他们或独自聆听，或结伴而学，在质疑和辩论中迸发思想的火花，于广阔的数字世界里寻找属于自己的一方天地。

有人庆幸地拥抱变化，亦有人怀念过往。迷茫与挑战困扰着前行者，亦为后来者指引着方向。当旧的秩序瓦解，新生事物破土而出之时，审视过往，放眼未来，教育的本质虽不曾改变，但教育的变革却一直在进行。

教学者正身处变革，也正引领变革。当这场教育变革的风暴来袭之时，教学者能否乘风破浪，继往开来？

第一章　慕课引起的教育变革

2008年，具有划时代意义的慕课课程“人工智能导论”在斯坦福大学亮相。该课程由计算机系教授塞巴斯蒂安·特龙（Sebastian Thrun）与彼得·诺维格（Peter Norvig）联合开设。这门课程的推出轰动了教育界——仅通过网络在线方式便吸引了超过16万名全球各地的学生注册学习。这种全新的在线开放教育模式，突破了地域与空间的桎梏，彰显了互联网在教育领域革命性的推动力量。

自此，慕课如雨后春笋般崛起。短短两三年的时间，至2012年，全球慕课课程数量已突破1000门，注册学员数量超过1000万人，呈现出爆发式增长态势。2013年，慕课的注册学员数量激增至4000万人，参与学习的人来自不同的国家。如此迅猛的增速和规模，堪称教育史上的奇迹。面对这样一场席卷全球的教育变革浪潮，所有人都不得不正视慕课带来的深层次影响。它不仅彻底颠覆了知识传播的旧模式，更从根本上重塑了人类的学习方式乃至社会形态，引领人类社会迈向了一个崭新的学习文明时代。

这场源自互联网的教育变革之火，如同野草被点燃般迅速蔓延。众多高校纷纷反思并调整教学内容与形态，加大慕课领域的投入。自慕课课程“人工智能导论”出现至今，才短短十多年时间，慕课已从新生事物发展成为世界公认的主流教学模式之一。这场变革的本质，是对“以人为本”教育理念的一次回归。在慕课体系下，知识传播自由开放，学习方式个性化，学习社区文化强调互助共享。这都体现了教育的根本目标是服务人的全面发展。因此，这场变革实际上是人类教育发展进程中的又一次自我完善的契机。在面对这场汹涌的变革潮流时，每一位教育者都应深入探讨其背后所蕴含的教与学的哲学反思。

在慕课出现之前，纵观几十年来世界范围教育信息化建设的历史，教学者不难发现一个悖论：尽管投入了巨额资金建设基础设施，开发教学软件工具，也曾一度憧憬信息通信技术（Information and Communication Technology，ICT）变革教学的前景抱有；但多个国家的研究报告却不约而同指出，ICT 改进教学的成效远不及预期。相较于其他行业在技术引领下所发生的深度变革，教育领域在技术革新方面所取得的进展在深度和广度上均比较有限。在基于网络的学习热潮中，无数曾一度备受瞩目的先进教学项目最终无疾而终的结局。

原因何在？我国学者何克抗认为：教育变革困境的根源在于，教学者忽视了技术只是教学变革的工具与条件，而非本质。真正的教学变革，还需要更加深入地反思教学过程中人与人之间的互动关系。教学者需要在技术实现的基础上，探究如何利用技术革新教与学的模式，真正地把教学方式的选择权、主导权还给学习者。这也许可以解释，为何纵然投入巨额资金与先进设备，许多教学项目仍难以实现预期目标；而一些看似简陋的基于网络的教学平台与项目，却能在低成本投入下产生显著的教学效果。问题的根源在设计理念，而非表面的技术实现。

美国 2010 年的国家教育技术计划指出，实现教学生产力飞跃式提高，需要建立在技术基础上的颠覆式结构性变革，而非渐进式改良（U.S. Department of Education，2010）。时至今日，慕课浪潮引发的正是这类质的变革，教育领域也终于找到了变革的方向。

慕课的英文拼写（MOOC）中“M”代表大规模；“O”代表开放（Open）；“O”代表在线（Online）；“C”代表课程（Courses），整合了信息技术在教学中的具体应用。不难发现，这四者恰恰构成了慕课革新教学的四大支柱：①大规模。在传统课堂中，师生数量和交流受到严格限制，而通过在线虚拟教室，慕课可将世界各地的英才汇聚一堂，同时面向数十万学子传播知识，知识传播的禁区不复存在，人与人真正实现无界连接。②开放。有别于封闭的院校体系，慕课课程向所有人免费开放，学生可根据自己兴趣和基础进行自主选择，学习不再受限制，亦无高低贵贱之分。平等开放激发学习动力，促进知识价值最大化。③在线。线上学习实现了弹性时间的自主学习，突破了传统课程学时学分的束缚。同时，慕课还通过在线互动、智能反馈等方式实现了个性化和适应性学习，使学生真正成为学习的主人。④课程。慕课能按照线下课程的节奏结合时间节点推进课程，并通过在线讨论、及时检测、设置作业、形成评价构成学习的闭环。

慕课开创的正是一种兼容并包、人性化和协同的教学生态。它不仅展现出信息化教学的巨大潜能，还彰显人的学习潜能和主体地位。慕课带来的这场变革如一股激流，冲击着教学过程中知识的僵死壁垒。教师从思想的灯塔变为学习的引路人，学生则从被动的知识容器变为主动求索的思想旅人。在课堂内外，学生与来自五湖四海的同道相遇，结伴而行，从多元文化的碰撞中汲取营养。

第二章　基于慕课平台的专业和课程创新

在慕课的影响下，越来越多高校开始反思传统专业设置和课程体系，基于慕课平台开展系列教学创新实践。这场变革，犹如一场教育领域的“百花齐放”，涌现出许多极具特色的创新样本。

2014 年，Udacity 瞄准 IT 人才短缺的现实需求，推出了创新型的在线教育产品——“微专业”（Nanodegrees）。通过与 AT&T、Google、Cloudera、Autodesk 等高科技公司的紧密合作，共同研发实用性课程，直接针对企业的人力资源需求进行培训。其中，AT&T 公司承诺为优秀学员提供奖学金及 100 个实习职位，前端工程师微专业课程便是双方首次合作开发的典范。这种校企联合培养模式精准对接职业岗位要求，不仅使学员在获得技能认证，还为企业输送了大量急需的 IT 技术人才。2016 年 4 月，Udacity 正式进入我国市场，与优酷、滴滴出行、京东、新浪等知名互联网科技公司建立战略合作关系。这些企业承诺，将优先录用 Udacity 毕业生，并提供丰富的实习和就业机会。显然，这种校企合作的人才培养模式，必将扮演越来越重要的角色，共同推进当今知识经济和数字化进程中的人力资源建设。

2015 年，亚利桑那州立大学率先与在线教育平台 edx 展开合作，推出了一项针对全球新生开放的“全球新生学院”项目。该项目通过在线课程的形式，为学生提供获取大学学分的途径。此举为那些无法通过传统方式进入高等教育机构的社会人士，开辟了全新的学历教育之路。类似的尝试也在世界各地兴起，众多高校与慕课平台携手，共同提供学历微学位课程，甚至实现了学分互认。这一系列举措预示着未来学历教育的组织形式将更加灵活多元。

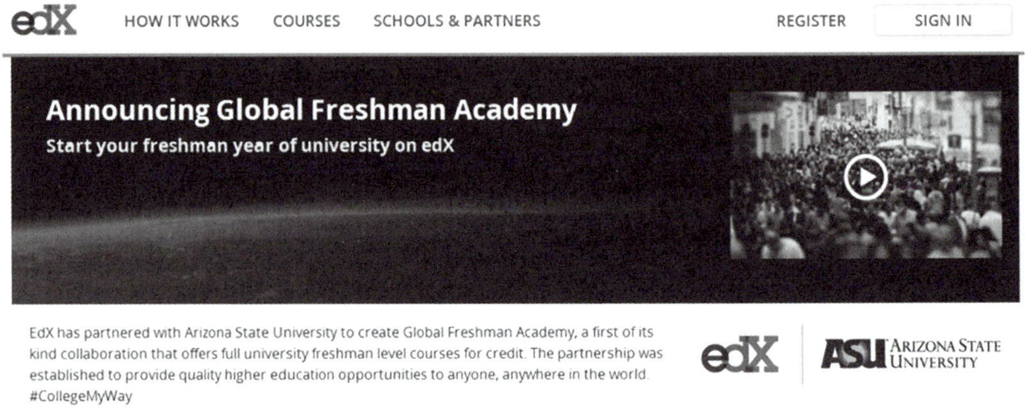

图2–1　在线教育平台edx

耶鲁大学医学院也在 2015 年与 2U 公司共同推出了医生助理混合式硕士项目。这一创新举措取代了该校原有的单一线下培训模式，使更多有抱负的学生能够接受专业化医疗助理培训。该项目为期两年，学生可以在网上参与互动性强的网络课堂，同时还需要到耶鲁大学批准的本地诊所或医院进行为期 9 个月的实习。这样的教学模式既保证了课程的学术权威性，又兼顾了学生的灵活性需求。该项目的招生人数从原来的 40 人增加到 300 人，规模得到大幅扩张。这标志着耶鲁大学医学院正在向网络教育转型，与技术公司密切合作，拓宽医疗助理人才的培养渠道。这种高效率培养模式，充分结合了线上线下资源，使更多志同道合的学子得以汲取世界一流学府的学识精华。

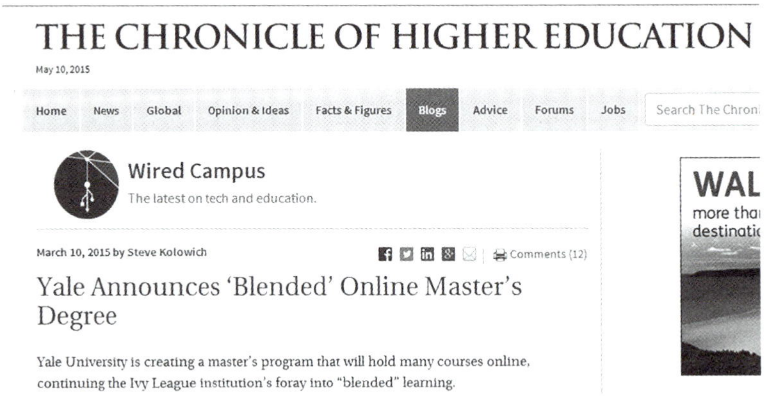

图2–2　耶鲁大学医学院医生助理混合式硕士项目

2015 年 10 月，麻省理工学院启动了“供应链管理”微硕士在线教育项目，此举措有力地推动了高等教育开放性和普惠性的发展。该项目并未对学员的学历背景设定硬性标准，所有课程学习均为免费。学员在完成五门课程并通过相关考试后，仅需支付小额的证书费用，便能获得相关证书。自 2016 年 2 月首门供应链管理课程开设以来，该项目吸引了全球众多对供应链管理领域感兴趣的优秀人才报名参与。这一独特的微硕士项目不仅提供了系统、专业的知识体系，还具备高度的灵活性。它颠覆了传统研究生教育的局限，为渴望在世界一流大学深造的学子们开启了通向卓越之路。

我国在线教育也在 2015 年迈出了重要一步，启动了首个混合式教育学位项目——“数据科学与工程”。此项目成为国内首个获得教育部认可的混合式硕士学位，意味着我国在线教育从此拓展至学历教育与学位授予领域。同年，清华大学与复旦大学依托“学堂在线”平台达成合作协议，共同开设金融学网上辅修专业。针对该专业课程，两所学校实行学分互认，这标志着我国高校间首次实现慕课学分互认，进而开启优质线上教学资源协作，为广大在校生提供丰富的网络教育机会。

清华大学 2022 年发布的《高等教育教学数字化转型研究报告》指出：未来高等教育的专业设置与课程体系将发生重大变革。具体来说，主要体现在三个方面：①传统的封闭式、独立式专业体系已经被打破，取而代之的是开放和交叉的新专业方向。计算机、电子信息、生命科学、医学等学科之间出现了许多交叉融合的新兴专业。②专业办学将从独立性转向协同性。不同高校依托各自优势，通过数字平台进行课程资源的共建共享，实现优势互补，形成专业协同发展的新格局。③课程和专业认证也从僵化向灵活转变，传统的课程包打散为模块化的微课程，学校可以与产业企业联合开发面向就业的微专业和微课程，学生可以自主选择感兴趣的微课程进行混合学习，积累学分后获得微专业认证。

可以看到，这种新型专业育人体系的构建，正是慕课发展多年所推进的方向。像清华、北大等高校开设的跨界慕课，以及华为、腾讯与高校合作开发的面向产业需求的微专业，都探索了这些转型路径。慕课经过这十多年的创新实践，为教育变革提供了宝贵经验，必将继续推动未来教育的深化改革。

第三章　慕课的影响和启示

在慕课的热浪中，全球迎来了教育领域的一场蜕变。教学者需要以智慧的眼光，从表象的浮光掠影下，洞察这场变革的本质。教学者更需要深刻地反思，领悟这场教育变革的力量所在，吸纳其中蕴含的精华，找到推动教育演进的契机，使其朝着更积极、更有意义的方向前进。这不仅是教育的变革，更是一种对智慧与洞察力的探索。

一、技术带来的革命性的力量

技术的进步与创新，对推动慕课发展起到了至关重要的作用。首先，技术的进步和应用显著降低了教育的投入成本。随着互联网、云计算等技术的飞速发展，教学课堂可以大规模、便捷地覆盖广域分布的学生。慕课平台紧随技术发展的步伐，将传统的一对一讲授模式转换为个性化的网络学习形式，从而大幅减少了传统教育中的人力资源支出。学生只需支付极低的网络访问费用，即可获得系统、专业且符合自身学习进度的教学服务与学习体验。这种低投入而高产出的教育模式彻底颠覆了以往教育高消费、高门槛的局限，使优质教育资源得以真正覆盖并惠及广大基层群众。其次，技术的运用使得教育过程与效果更加智能化。慕课平台具备收集与分析学员学习数据的能力，从而为每位学员生成详细画像，包括地域分布、知识结构、学习活跃程度以及时间管理习惯等。这些数据有助于教师制定真正个性化的教学策略。此外，人工智能技术已逐渐取代教师承担的大部分重复性任务，包括学生考核、教学讨论、学生管理、知识诊断、学习评估、能力预测以及个性化学习建议的制定等多个方面。

二、数字时代的学习理论：联通主义

联通主义是由乔治·西蒙思于2005年提出的一种学习理论。在他的代表作《联通主义——数字时代的学习理论》中，西蒙思明确地指出：学习是一个过程，该过程发生在模糊不清的环境中，并且学习可以存在于我们自身之外，例如在一种组织或数据库的范围内。他认为，学习应集中于专业知识系列的连接方面，这种连接能够使我们学到比现有知识体系更多、更重要的东西。

联通主义正视了网络技术的发展对社会结构和人们学习环境的巨大影响，甚至其改变了人类学习知识的方式。过去的学习理论中，行为主义强调外界环境对个体行为的决定作用；认知主义看重大脑信息处理的内在心理过程；建构主义则重视学习者主观经验的积极构建。这些理论都聚焦学习的个体内部（头脑或者行为）发生的事情，而忽视了在学习者外部和组织层面同样存在着学习现象。

作为数字时代的学习理论，联通主义指出：学习不仅仅发生在个体的头脑或行为之中，也发生在个体之间的互动联结之中。数字技术的飞速发展，尤其是互联网的普及，以前所未有的方式加强了人与人之间的联系，让分散的个体汇聚成一个学习型组织。慕课正是利用了开放网络的力量，连接教师与学生、学生与学生，打破了教师的知识垄断，使学习成为一种社交活动，知识成为了所有参与者共同丰富的成果。慕课建立了超越时间、空间的虚拟学习社群，为不同背景、不同地域的学习者提供了平等的学习机会。这不仅为教学者提供了教育理念的新思路，也为理解人类知识的本质和学习的未来发展方向提供了新的视角。

三、学习者的觉醒

在这个以知识经济为标志的时代，学习已然成为个体发展的内在需求。慕课让学习的大门对所有人敞开，人们开始主动探索内心的兴趣和潜能，而非被动地为应试而学。获取文凭证书只是表面动机，获取知识、丰富人生和实现自我，才是学习的真正意义所在。

当越来越多的人因为好奇、求知和超越自我而主动学习时，一个崭新的教育局面正在酝酿之中。学习不再是强制，而是一种乐趣；教育不再是工具，而是一种文化；生活本身就是一所大学，一个充满无限可能的舞台。

某高职学院的学生，通过选修高水平大学在线的课程，获得了相应课程的证书。这为一个高职背景的学生进入一流大学读研创造了契机，为通过个人努力进入顶尖高校深造的梦想奠定了基础。还有一位已在某大学服务多年的助教，靠自学获得了计算机、心理学、设计、哲学等多个领域的证书。这为他申请世界一流学府提供了有力证明，最终收获了 5 所世界大学排名前 50 强的录取通知书。这些案例证明，高质量的在线开放课程已经成为一个极大的平民教育平台，它消弭了地域、经济、学历等种种限制，让每一个充满好奇和上进心的大众学习者，都可以选择适合自己的优秀课程，获得系统和严谨的知识，从而改变自己的人生轨迹。

这种学习动机的内在觉醒，将推动教育走向深层次的变革。这股由内而外的力量，源于对真理、美好和无限的执着探索，它超越了外在激励，将成为维系终身学习的永恒动力。

四、慕课对学历制的冲击

自古以来，人类社会不断演变，社会形态和上层建筑的变迁不仅塑造着人们的生活方式，更在深刻地影响着教育形式与其功能的重构。

在农业社会时期，师徒制度作为主要的教育方式发挥着重要作用。学生们通过拜师学艺的方式，接受老师的专业知识和品德教诲，这是一种特殊的师生关系和情感纽带。与现代社会以文凭作为衡量标准不同，古代学生更依赖于导师的声望和口碑来证明自己的能力和价值。

自工业时代开始，西方现代国家建立起科层制度，依据规范化的制度和文凭对人员进行管理和选拔。这种客观化、标准化的组织形式，彻底摒弃了传统社会中依据世袭和人情进行资源分配的方式。在此背景下，具有社会公信力的学历文凭应运而生，成为决定个人社会地位和机遇的关键因素，标志着社会分层和选拔的方式发生了根本性转变。

随着时代的前行，社会财富的积累和教育的普及，教育的意义也将经历深刻的变革。教育的本质将回归其原初之美，不再仅仅是经济和政治功能的工具，而是培养全面发展的个体的桥梁。自主学习、个性化发展、实践经验等核心要素将成为时代的新标志。当教育实现真正的大众化时，人们对教育的认知也将更加丰富和立体。学历社会或将不复存在，取而代之的是一个推崇终身学习、注重能力与品德培养的学习型社会。

慕课这一新兴教育范式的出现，为教学者打开了另一扇教育的大门：规范的课程框架不再是唯一出路，而是个性化的知识组合适应多样需求的关键。教学者需要智慧地理解教育的多元可能性，并与时俱进。学历并非终点，而是踏上新征程的起点。

第四章　如何建好一门慕课

随着慕课的快速发展，各类慕课平台的涌现显著降低了高校开发在线课程的技术门槛与资金投入。慕课课程的教学模式已趋于成熟，为批量化制作在线课程奠定了基础。同时，技术的进步也为普通教师自主开发慕课课程提供了便利条件。然而，尽管慕课平台极大地简化了课程制作流程，真正打造一门优质的慕课课程依然需要投入大量的时间与精力。因此，教学者要合理规划并分配足够的时间与资源，以确保课程的质量和教学效果。

在课程创建之初，教学者需要集结一支由助教、教学研究员以及热心的本科生志愿者组成的团队。他们将在课程的各个阶段发挥重要作用，特别是在制定练习与家庭作业、协助解答问题、维护讨论论坛，以及课程的调试与测试等环节。通过团队协作，您可以确保课程的高质量与有效性，从而为学生提供更好的学习体验。根据您的需求，您还可以安排与软件开发工程师、视频媒体专家、教学设计师等专家进行合作。

校园课程通常为期 8 至 14 周，而慕课课程与之最大的不同之处在于，慕课课程由众多小单元组成，如 3 至 7 分钟的视频片段或个人练习。在规划课程内容时，教学者应尽量确保每个单元都是模块化的。模块化的设计具有诸多优势。首先，它使得课程内容在必要时能够轻松地进行重新编排。其次，学习者可以快速找到与特定主题紧密相关的参考信息。此外，教师可以将不同的模块交错安排，例如视频与练习交替进行。模块化还使得教学者能够轻松替换或改进某一模块，同时尽量减少对其他部分的影响。举个例子，如果“大学化学”课程的教师想要重新制作一些视频片段，目的是在时间允许的情况下减少文本、增加实验内容，这样的调整在慕课课程中可以轻松实现。最后，模块化的设计还有助于内容的共享与传播。

创建慕课课程的过程可以简要地分为以下四个步骤。

一、为课程制作一个吸引眼球的“关于本课程”页面

“关于本课程”页面是课程广告，学习者可以通过此页面了解课程内容、授课时间以及需要投入的学习精力，从而决定是否加入。图4–1展示了中国大学慕课平台上，国家级精品课程《电子商务》的“关于本课程”页面实例。

图4–1 《电子商务》课程简介页面

在这个页面上，需要提供的材料包括：

（1）一张能抓住课程的本质的描述性图片。

（2）课程的宣传视频。该视频应包含课程中具有吸引力的视觉元素，并深入探讨课程的核心价值与重要性。视频内容需明确阐述学习者在完成课程后能够达成的学习目标，同时介绍授课教师的学术背景与专业成就。为提升视频的吸引力，可适当展现教师的个人特质与兴趣爱好（例如，某位教授对足球运动的热爱），以增强亲和力与趣味性。此外，视频中可融入与课程主题相关的专业背景图像或素材，帮助学习者更好地理解课程的应用场景与行业背景，从而增强课程的代入感与实用性。

（3）课程简介。这个部分需简要概述课程的核心内容、主题方向以及大纲结构。

（4）本课程的先决条件。学习本课程需要掌握的先修知识。

（5）教师简介及相片。

（6）常见问题，或常见问题和各自的答案。常见的问题包括：这门课的教科书是什么？这是必需的还是推荐的？这个课程要收费吗？证书是收费的还是免费的？这门课程有监考吗？需要什么特殊的软件吗？有什么特殊的系统要求吗？确定作业交期的原则是什么？以及任何你能想到的对学习者有帮助的东西。

（7）课程的一些重要细节，包括课程的开始和结束日期，以及每周的工作量估计。

二、为课程准备详细的指引资源

1. 课程时间表

课程时间表涵盖了课程主题及其对应的时间安排。该时间表对于规划课程以及为学习者提供指导均具有重要价值，它为整个课程提供了宏观的视角。课程时间表亦可称为课程概览或课程日程表。表 4-1 为课程时间表的一个实例。课程时间表包括：

（1）一周内涵盖的主题

（2）各种作业的发行日期和完成期限

（3）考试等特殊任务的日期

（4）教科书阅读要求

（5）如果需要，课程安排还可以包括按周计算的预期结果

表 4–1　课程时间表示例

周数	星期一	星期二	星期三	星期四	星期五	星期六	星期日
第 1 周	11	12	13：第 1 周视频，作业 1 和实验 1 发布	14	15	16	17
第 2 周	18：第 2 周视频，作业 2 和实验 2 发布	19	20	21	22	23	24：作业 1 和实验 1 截止
第 3 周	25：第 3 周视频，作业 3 和实验 3 发布	26	27	28	29	30	31：作业 2 和实验 2 截止
第 4 周	1：第 4 周视频，作业 4 和实验 4 发布	2	3	4	5	6	7：作业 3 和实验 3 截止
第 5 周	8：第 5 周视频，作业 5 和实验 5 发布	9	10	11	12	13	14：作业 4 和实验 4 截止
第 6 周	15：第 6 周视频，作业 6 和实验 6 发布	16	17	18	19	20	21：作业 5 和实验 5 截止
第 7 周	22：第 7 周视频，作业 7 和实验 7 发布	23	24	25	26	27	28：作业 6 和实验 6 截止
期中考试	29	30	1	2：期中考试	3	4	5

2. 课程公告页面

公告页面为学习者提供了课程运行期间的关键信息，涵盖了课程启动阶段的初始指导与详细说明。教学者在课程进行期间，定期于本信息板块发布公告。例如，教学者可以发表激励性言论、询问学习进度、建议在讨论区进行交流、解答普遍存在的疑问、预告即将来临的截止日期或考试、考试临近时提供相关主题等。同时，教学者也可以指定某些特定内容，如视频或练习，作为学习者必需观看的材料。

3. 邮件的作用

虽然课程公告页面可以作为向学习者传递信息的主要平台，但教学者在课程开始前和进行期间，应用电子邮件与学习者保持沟通。为确保学习者的参与度和回应率，邮件内容应简洁明了、重点突出。这种个性化的邮件沟通方式能够有效提升学习者的

课程完成率。在具体实施上，教学者在课程开始前的两个月、一个月、一周以及前一天分别发送邮件，逐步引导学习者进入学习状态。其中，欢迎邮件尤为重要，应在课程开始前发送给所有已注册的学习者。由于许多学习者可能提前数月报名，这封邮件（图 4–2）是对课程即将开始的重要提醒，学习者要为课程启动做好充分准备。

亲爱的***同学：

你好，很高兴你能选择本门课程，本周课程即将开始，你准备好了吗?

阅读下面的提示，将有助于你更好的学习课程：

1.加入课程网站：http://cqu.xuetangx.com/courses/course-v1:CQU+introduce-spoc-20170925+2017_T2/about，通过统一身份认证登陆后，选择加入该课程。

2.查看“课前学习”章节，掌握线上学习平台的使用方法和技巧

3.在论坛的“休闲咖啡屋”区域，跟帖作简短自我介绍并阐述对课程的期望。

祝学习顺利！

图4–2　欢迎邮件示例

下面列出了一些技巧，可以帮助教学者的学习者更高效地打开、阅读和处理您的电子邮件：

①撰写明确的主题：使用简洁而有意义的主题，使学习者能够快速了解电子邮件的具体目的。

②聚焦关键信息：无论是通知重要日期还是邀请学习者参与课程调查，确保邮件内容围绕一个核心主题展开，避免信息分散。

③避免附件：尽量将学习者引导至课程信息页面或讨论论坛，而非使用附件，确保信息访问的便捷性与一致性。

④清晰标明身份：由于学习者可能同时注册多门课程，请确保您的邮件中清楚注明课程名称及您的身份，以便学习者迅速辨识。

⑤保持个人化和亲切感：使用对话式语调，让邮件呈现自然、友好的沟通风格，仿佛与学习者面对面交流。

⑥简洁明了：尽量使用短语和短句，提升阅读的流畅性和理解效率。

⑦控制问题数量：每封邮件尽量只包含一个问题，避免学习者因信息量过多而感到困惑。

三、上传学习序列

学习序列是慕课课程的核心组成部分，由一系列短视频片段构成，并在其中穿插设计简洁的练习环节。这些练习旨在促进学习者的主动参与，使其能够即时应用视频中学到的知识解决问题。其主要功能是帮助学习者快速检验对所学内容的理解程度。通过自动评分系统提供的即时反馈，学习者可以判断自己是否已经掌握知识点，或者是否需要进一步复习和巩固。

学习序列的设计理念源于主动学习理论。正如本杰明·富兰克林所言：

Tell me and I forget.

Teach me and I remember.

Involve me and I learn.

大量研究表明，主动学习模式在提升学习效果方面显著优于被动学习。通过学习序列的模块化设计，学习者能够在短视频与即时练习的交替中进行深度参与，从而实现知识的有效内化与应用。这种设计不仅符合认知科学规律，还能显著提升学习的效率与效果。

学习序列是对传统课堂讲座模式的革新。传统讲座通常以长时间的单向讲解为主，而在线课程的设计则强调将内容分解为一系列模块化的短视频。每个视频的时长应控制在 2 至 15 分钟之间，并尽可能保持内容的独立性和模块化。这种小块化的信息传递方式不仅符合现代学习者的注意力规律，还能显著提升知识的吸收效率。需要注意的是，当视频长度超过 10 至 15 分钟时，学习者注意力分散的风险会显著增加。因此，课程应减少过长的内容片段，以确保学习效果的最大化。

学习序列的设计可以从一个复习视频开始，帮助学习者回顾前一阶段所涵盖的内容。同样，教学者也可以选择以一个总结视频作为学习序列的结尾，对刚刚讲解的核心内容进行梳理和强化。此外，正如后续将详细讨论的，在每个主要概念讲解结束后，可以适时插入练习环节，以巩固学习者的理解并促进知识的应用。这种结构化的设计能够有效提升学习效果，确保学习者在每个阶段都能扎实掌握所学内容。

学习者可以随时暂停、加速或减速播放视频，并通过视频底部的导航栏轻松实现多次回看。研究表明，允许学习者按照个人节奏调整学习进度，能够显著提升对知识的理解与掌握效果。

在学习序列中，教学者可以通过嵌入额外的学习资源来丰富和拓展课程内容。例如，在视频下方添加与在线教材相关章节的链接，帮助学习者深入探索相关主题；或提供课程幻灯片的下载链接，方便学习者快速回顾核心知识点。此外，教学者还可以为每个视频和练习设置专门的讨论主题，鼓励学习者与近期接触过相同材料的同伴展开交流与讨论。这种设计不仅增强了学习的灵活性，还促进了知识的深度内化与协作学习。研究表明，相较于延迟反馈，快速反馈能够显著提升学习者的学习效果，这一结论已被大量实证研究验证。因此，在教学设计中，合理运用快速反馈机制对于促进学习者的理解与能力发展具有重要意义。目前，大多数在线学习平台已具备自动评分功能，这为教师和课程设计者在定制反馈信息方面提供了广阔的空间。通过调整反馈内容的详细程度和频率，教学者可以更精准地满足学习者的需求。

在基础层面，学习者可以快速获得关于练习答题结果的基本信息，例如答案的正误以及尝试答题的次数。这种即时反馈有助于学习者迅速识别知识盲点，并在后续练习中进行针对性调整。教学者可以适当增加学习者的答题尝试次数，使其通过多次试错不断修正认知偏差，从而更深入地掌握知识点。

然而，仅提供结果性答案可能无法满足学习者的深度学习需求。为了进一步提升学习效果，应尽可能提供详细的解题过程或解决方案。例如，展示答案的推导步骤，帮助学习者理解背后的逻辑推理；或提供解决问题的一般原则与思路，引导其建立可迁移的知识框架。此外，部分平台可以设计互动式反馈机制，允许学习者在点击“显示答案”按钮后获取新的解题思路或提示，从而激发其自主探索的兴趣与能力。

在教学过程中，针对学习者的常见问题提供适当提示，不仅能够帮助他们及时识别和纠正错误，还能有效降低挫败感，增强学习动机。为了提升学习效果，教学者应特别关注普遍存在的误解或易错点。例如，在计算百分比时，许多学习者可能会犯高达100倍的误差，这类问题发生率较高且对结果影响较大。针对此类问题，可以设计针对性提示，如强调百分比计算的逻辑步骤、提供易错点的对比示例，或在练习过程中加入动态纠正机制，帮助学习者逐步掌握正确方法。

此外，为满足学习者的个性化需求，部分课程可以根据学员表现提供更多人工反馈。

例如，在课程讨论区中，教学者可以通过解答疑问、引导讨论的方式帮助学习者加深对知识点的理解；对于常见难题，可以录制简短的视频教程，重点讲解解题思路和关键概念，从而提供高效且有针对性的指导。

在作业设计上，可以基于练习中的类似问题进行内容拓展，并设定明确的发布日期与提交期限，以提供适度的延迟反馈并增加学习的挑战性。例如，在作业提交截止后，平台可以自动生成详细的解题方案，包括步骤解析和正确答案。这种设计不仅能够促使学习者在规定时间内完成任务，培养其时间管理能力，还能通过延迟反馈机制提升他们对任务的专注度与认知加工深度。

作业完成后，学习者可以在评分基础上展开自由讨论，这为他们提供了一个反思与共享的机会。在讨论过程中，他们可以互相分享彼此的解题思路，再纠正错误，并进一步巩固知识。这种基于任务的社群学习模式，不仅有助于促进深度学习，还能增强学习者之间的互动与协作，从而营造更加积极的学习氛围。

通过将即时提示、人工反馈与延迟反馈有机结合，教学者能够构建多层次、系统化的反馈机制，从而更精准地支持学习者的学习过程。这种设计不仅能够有效解决个体化问题，还能显著提升课程的整体教学质量，确保学习者在知识理解与技能掌握方面取得更全面的进步。

四、创建课程讨论区

讨论区是慕课课程的重要组成部分，旨在为学习者提供一个开放的交流平台。在这里，学习者可以提出问题、互相协助解答疑惑，并就课程内容发表评论和讨论。讨论区既可以作为学习序列中的一个有机环节，与课程内容紧密结合，帮助学习者在特定主题下深化理解；也可以作为独立的交流空间，激发学习者对相关话题的自由表达和多角度探讨的积极性。研究表明，通过在线讨论，学习者不仅能够对课程内容进行深入、全面的理解，还能培养批判性思维和协作能力。因此，鼓励学习者积极参与讨论区是提升学习体验和学习效果的重要手段。

然而，实际运行中，许多慕课讨论区的活跃度较低。这种现象在课程开设初期表现尤为明显，尽管部分学习者会在最初阶段积极发帖，但随着课程的推进，参与热情逐渐下降。通常，讨论区只有在考试前出现短暂的热闹局面，但此时的主要帖子多集中于信息交换层面，例如分享复习资料或解答考试相关问题，而较少出现高质量的学术讨论。这种缺乏深度互动的情况，使讨论区未能充分发挥其在促进思想交流和知识构建方面的潜力。

造成这一现象的原因是：在线学习氛围的形成和讨论区的活跃度并非自然而然产生，而是需要有意识地设计与引导。一方面，学习者可能对如何参与高质量讨论缺乏明确的指导；另一方面，课程团队也需要采取更多措施来激励和支持讨论区的活跃度。

为了有效改善这一问题，可以采取以下策略：

1. 讨论开始之前

· 明确各种适当行为和不适当行为以及每个主题的开始和结束时间。

· 确立对学生的期望目标和评价标准，将讨论区的表现列入成绩评量记录。

· 为学生提供详细的说明，包括明确每个学生的责任和任务。

· 规定每个教学周期最低发帖要求。

· 创建良好的结构：重要通知发布区、每周话题区、技术问题讨论区、作业讨论区、教学建议区、休闲咖啡屋。

2. 讨论期间

· 第一周可以进行自我介绍，让学生熟悉利用平台讨论区参与讨论。

· 在线讨论必须有明确的目标或目的，以主题形式展开。

· 固定时间上线回答问题，让学生觉得线上会得到解答，减少学习的孤独感。

· 不同层次上提出问题。

· 每个教学周期集中讨论一个话题，老师提出，学生跟帖。

· 提供高质量的帖子：来自高质量的问题与教师提供的思维支架。

· 以恰当的方式结束讨论，如总结学习要点。

· 利用学习记录观察学生的动向及参与讨论的频率。

第二部分
颠覆课堂——现代教学的新形态

多年来，我国的教育体系与传统的工业化模式深入绑定。这种模式中，教师的教学方法、学生的学习方式以及教学资源的组织形式都高度标准化。然而，随着信息技术的迅猛发展，教育领域正在经历深刻的变革。这种变革不仅仅是技术工具的引入，而是一场彻底的教育范式转型。教师的角色从知识的传授者转变为学习的引导者，学生也从被动的接受者转变为主动的探索者。此外，教学资源的获取与组织形式也打破了以往的局限，呈现出更加多元化和个性化的趋势。

技术的融入正在颠覆传统的课堂边界，使得学习不再局限于实体教室内的时间和空间。虚拟课堂、在线学习平台、人工智能辅助教学等新兴技术手段，不仅丰富了教学形式，也赋予了教师和学生更多的自由与可能。通过这些技术，知识的传播与获取变得更加迅速、便捷，学习者可以根据自身的需求和兴趣，随时随地进行个性化学习。

这种现代教学的新形态不仅是对传统教育模式的延续与扩展，更是一场深刻的教育革命。它促使我们重新思考教育的本质与目的：学习不再只是为了掌握既定的知识，而是培养创新思维、解决问题的能力，以及适应复杂多变世界的综合素养。在这个过程中，技术不仅是工具，更是推动教育理念转型的重要动力，帮助教学者构建更加开放、灵活和以学生为中心的教育生态系统。

正是在这样的背景下，教育的未来充满了无限的可能。传统的教学模式与现代技术相融合，将为教师和学生创造出全新的互动体验，也将为社会培养出更具创造力和竞争力的下一代。

第五章　直播教学——新冠疫情期间全体教师的大考

2019年，一场突如其来的新冠疫情，迫使世界在无声的恐慌中停下脚步。而在这场未曾预料的挑战中，教育领域成为了一片前所未有的混沌。钉钉、雨课堂、学习通等软件蓬勃发展，如同新生的枝叶，扎根于教育的土地，汲取着变革的养分。

“网课特困生”“十八线主播”等新名词，如同时代的印记，镌刻在师生的记忆中。这些新名词不仅仅是师生共同经历的见证，更是一个时代的标志，它们凝聚了教育在风暴中的应对与变迁。

一、直播课堂与传统课堂的比较

“直播教学”为教学模式的转变带来了一些新的认知。为了更深入地了解其与传统课堂的差异，本书收集了数十位参与直播教学的教师的反馈，并从视觉效果、语音传输、师生互动等多个角度对线上课堂和传统课堂进行了全面的比较，发现直播教学在某些方面确实展现出了独特的优势和特点。

在视觉效果层面，网络直播所采用的共享屏幕技术相较于传统课堂中的投影仪表现更出色。这种技术手段不仅在分辨率和色彩还原方面更加优越，能够为学生呈现更加清晰、直观的知识内容，同时也显著提升了课堂的整体视听体验，为学习过程增添了沉浸感和互动性。共享屏幕的灵活性和高清度使得教学内容细节得以更清晰地展现，无论是文字、图片，还是动画和视频，均可无缝衔接，最大限度满足学生的认知需求。此外，网络直播中手写板的使用在教学展示和推导过程中展现出前所未有的优势，远胜于传统黑板板书的效果。特别是在大班教学场景下，手写板有效地解决了后排学生因距离问题导致的视野模糊困扰，使所有学生都能清晰地看到每一步推导和计算过程。同时，书写过程可保存并随时回放，方便学生在课后反复观看、复习，提升了教学内容的可持续性与可重复性。这种数字化记录和展示的手段为知识的深度掌握和反复消化提供了便利，使现代教学在内容传播和知识内化上都迈上了新的台阶。

在声音传递方面，网络授课中的教师通过专业麦克风进行讲解，确保声音清晰而稳定。相较于传统课堂上受限于教室空间大小、设备布局及学生座位位置的影响，网络环境中的音频传输技术从根本上提升了声音传递的效果和可靠性。这种高质量的声音传递不再受物理空间的约束，所有学生，无论在“前排”还是“后排”，都能获得均等的听课体验。借助专业麦克风设备，教师的声音能够以稳定的音频频率、清晰的音质传达至每位学生耳中，确保了语言信息的无损传递。网络授课的音频设备还有效解决了传统课堂中后排学生难以听清老师讲解的问题，避免了因距离或噪音带来的听觉障碍。这样一来，学生不仅能更专注地接收知识，还能在语言表达的细节和语音语调中感受到教师的教学意图与情感，使得课堂体验更加沉浸和真实。现代技术手段赋予了声音更强的穿透力，为教育的均衡性和普惠性提供了有力保障，也让远程教学的声音传递达到了新的高度。

一个显著的区别体现在表情传达与互动方式之上。在线下传统的教学环境中，学生能够直接观察到教师丰富的面部表情与肢体语言，这些非言语信号在潜移默化中发挥着重要作用，有效拉近了师生之间的情感距离，并显著增强了课堂的感染力与亲切感。相比之下，在网络直播教学的场景中，学生往往仅能观察到教师的头像或上半身，这种变化导致细腻的情感交流与肢体互动的可能性被削弱，从而不可避免地影响了课堂的情感氛围，部分学生可能会产生交流上的疏离感。

关于互动性的讨论，许多教师和学生认为线上教学在互动效果上仍有所不足。然而，这种看法或许存在偏差。网络教学具备天然的交互性、共享性、探究性、协作性和自主性等优势，为课堂互动带来了全新维度。通过即时在线讨论、虚拟白板共享、实时问答和多媒体资源的应用，网络教学平台为知识交流和探讨提供了更为广阔的空间。这种模式不仅支持传统意义上的师生互动，还能赋予学生更大的自主探究权，营造出一种开放、包容的学习环境，激发学生自主学习的动力。在下一节，本书将深入探讨网络教学在互动、协作及自主学习方面的独特优势与潜力，探寻这种新兴教学模式所蕴含的教育价值与未来发展空间。

总的来说，直播课堂具有打破时空限制、便捷共享资源和增强课堂灵活性的显著优势。经历了直播教学的实践后，教师们愈加深刻地认识到这一新兴教学方式的独特价值，逐渐推动了线上与线下结合的融合式教学模式的发展。在这种模式下，许多学校已开始将直播与传统课堂相结合，使课堂教学更具包容性和适应性。

如今，许多课堂不仅进行现场教学，还同步进行直播和录像记录，使得无法到场的学生——无论是因病缺席，还是因特殊原因无法参与的学生——都能随时在家观看课程直播或回放，确保学习进度不受影响。课堂录像还成为学生课后复习的宝贵资源，可以反复观看，帮助学生巩固知识点和加深理解。这一模式成本低廉，却大大提升了教育资源的利用效率，为构建更加灵活、普惠的学习体系提供了新的途径。

在未来，随着技术手段的不断提升，融合式教学将进一步深化，成为一种更为成熟的教育模式，为学生带来更加个性化、灵活化的学习体验，使教育真正走向无边界、无阻碍的共享时代。

二、直播教学中的互动

网络直播教学初期，由于缺乏面对面交流，教师难以直接观察学生的反应和参与程度，这对教学设计提出了新的挑战。大量研究表明，成功的课堂学习需要学生的积极互动参与。如皮亚杰的建构主义学习理论认为，学习是学生主动构建意义的过程，布鲁纳的发现学习理论也强调学习者能动地探索和体验。学生主动参与各种学习活动，可以形成更强的组织性认知和意义建构，促进知识的深度加工。

因此，成功的课堂学习需要为学生提供丰富的互动体验机会，同时，教师要在互动过程中给予及时反馈，记录学生的学习数据，以促进每个学生的个性化发展。技术的嵌入应致力于创设更丰富的互动学习情境，推动课堂教学从传统的知识注入，向互动探究与体验的发现学习转变。

经过实践探索，成功的网络教学并不意味着对学生的全过程监督，而在于构建有意义的学习活动，激发学生主动学习，并辅以技术手段进行过程性指导。构建有意义的学习活动是教育过程中至关重要的一环，以此为核心，技术手段可以被巧妙地融入教学实践中，不仅仅局限于在线环境，也可以迁移到传统的线下课堂中。接下来，本书将介绍技术嵌入教学实践的具体场景。

1. 场景一：针对具体知识，应用技术工具进行快速小测

教师在知识点讲解后，可以通过在线平台或手机应用程序向学生推送预先准备的客观题。这一策略有助于教师快速获取学生的学习状态，包括答对、答错的人数以及相关问题的反馈，从而及时评估学生的理解水平并灵活地调整教学内容。这一教学策略与形成性评价理论相契合，形成性评价注重在学习过程中收集信息，为教学调整提供依据。值得注意的是，心理学中的安全感理论认为，学生在安全的环境中更容易表现出积极的学习态度。通过这一策略，学生可以在相对私密的空间里回答问题，减轻了因回答错误而引起他人评价的担忧，从而更愿意积极参与学习活动。除了客观题检测，运用“投票”功能也是了解学生对某一热点问题态度和看法的有效手段，其强调了学生参与讨论和表达意见的重要性，为课堂话题提供了更全面的视角。与传统笔纸测验相比，快速小测更灵活高效，真正实现了数据化评价，有助教师根据学习分析结果调整教学，实现“闭环教学”。

2. 场景二：应用技术工具提高学生积极性和参与度

当教师提出问题时，学生可以通过在线平台或手机应用程序开启随机抽问的功能。教师在教学中引入随机抽问的方法，是一种有助于促进全体学生参与的有效策略。这种方式超越了传统上只有少数积极学生参与回答问题的现象，通过随机性的抽取，它鼓励了所有学生的主动思考和参与。不确定性是保持学习动机的重要方式，行为主义强化理论提出，随机性的增强可产生持续的学习动机。随机抽问增加了回答问题的不确定感，学生需要时刻保持注意力，并主动思考每个问题，以应对可能的抽问。这促使更多“潜在学习者”从被动变为主动。随机抽问也可减轻部分学生的心理压力。学生在自信心不足时，被点名回答问题会导致焦虑。而随机抽问可以开启匿名回答，在一定程度上减轻这种压力，降低了学生对于当众出错的恐惧感。

为激励学生的主动性和积极性，教师还可以利用积分制度进行正向增强。这符合行为主义理论中“操作制约”和“积极增强”的理念，显性鼓励对于激发学习动力和增强学习者积极性有着重要作用。在教学活动中，给予学生积分反馈，可以产生持续的学习动机。对于那些已经表现积极、乐于回答问题和思考的学生，显性鼓励更能进一步强化其学习动机。同时，积分排名对也对那些相对不活跃的学生有激励作用，因为来自同龄人的认可和压力对学习者的行为具有显著的影响。除教师评价外，学生间的互动点赞也可获得积分，这增强了学习者间的联系，形成积极的群体动力。

相比直接的称赞，积分制度具有激励性和持续性。学生会致力于每一次表现机会，而非仅关注终评。它与游戏化设计理念一致，将丰富的学习行为“赛化”，外在的激励转变为内在动机。但是，教师仍需注意避免过分依赖积分外在激励，保持学习活动的意义感。积分制度需要与课堂目标和内容紧密结合，促进真正主动学习的培养。

3. 场景三：应用技术工具激发群体智慧的产生

头脑风暴被视为一种开放式思维方式，能够激发群体智慧的产生并促进创新观点的涌现。在移动技术的影响下，大规模的头脑风暴成为可能，移动技术打破了场地和人数的限制，让更多的学生可以在虚拟空间中互动，共同创造和分享想法。这种多元化的互动方式，既有助于实现不同视角的交融，进一步促进集体智慧的涌现，又有助于学生进行自我反思和改进，发现自己的不足之处并寻求更好的解决方案。移动学习的即时性和开放性等特点在头脑风暴中得到了充分体现。学生可以在任何时间、任何地点进行思考并添加观点，这大大提高了学习的效率和多样性。此外，头脑风暴强调发散性思考，鼓励学生提出新的观点和想法，而非仅仅回答问题。通过不同观点的交汇，可以达到“1+1>2”的协同效应，进一步提升集体智慧的价值。

弹幕也被视为一种促进群体智慧产生的媒介，作为一种新兴的在线交流方式，深受数字化成长的新生代学生喜爱。适度引入这种新颖互动，将弹幕的趣味性与教学目标结合，既可增强师生交流，也可帮助学生在乐趣中学习。从积极心理学视角来看，弹幕提供了正向的情感释放渠道，可以在一定程度上激发学生的学习兴趣和参与感，但在具体教学实践中，教师需要注意到弹幕所呈现的信息的随意性和分散性的特征，避免弹幕内容与实际教学内容的脱离。具体而言，教师可以在课程中设定弹幕交流时间，适当引导弹幕内容，在一定程度上塑造积极表达的教学氛围，鼓励学生表达观点或者学习感受，并提供及时反馈和鼓励。

4. 场景四：应用技术工具高效开展小组活动

组织课堂小组活动是促进合作学习与深度思考的关键环节。在传统教学中，小组划分往往缺乏系统性，未考虑到组间同质、组内异质、小组竞争和相对稳定等原则。教师借助技术手段，可以更有效地进行小组划分，保障小组的差异性、互补性、平衡性和稳定性。通过在线平台或手机应用程序，在课程开始前，教师可以根据预设的题目和对学生的了解，按照小组划分的基本原则，指定讨论题的小组成员。这样的有序划分能够提高小组的协同效能，促进更有效的讨论和学习。

在课程中，小组讨论的过程和结果对于学生的学习启发具有重要意义。传统课堂中，由于时间和空间的限制，难以及时分享小组讨论的结果。借助在线平台或手机应用的拍照上传功能，学生可以在讨论结束后将小组解题过程、答题要点通过照片上传，实现对其他小组答题情况的及时了解。这种实时的分享和互动有助于促进学生之间的交流与学习，提高他们的学习效果。

小组间的互评在小组学习中扮演着重要角色。教师借助信息技术，可以更便捷地组织小组互评并形成数字化的存档。教师可以在小组任务完成后开启小组互评功能，采用匿名互评或由助教分配小组互评的方式。匿名互评有助于建立学生的安全感，使他们更自由地表达真实观点，提高评价的客观性。教师的积极参与和评价对于激发学生学习主动性和积极性也至关重要。通过参与小组互评，教师可以为某个小组的讨论结果添加评语或点赞，进一步激发学生的学习动力。

第六章　混合式学习——实现规模化教育与个性化培养相结合

《中国教育现代化 2035》的愿景强调了向个性化教育的转变，借助现代科技加速人才培养模式的改革，并在大规模教育需求中融入个性化教育的构想。然而，在教育变革实践中，“学校标准化教学”与“学生个性需求”之间的矛盾仍然是我国当前教育领域面临的主要挑战之一。

因材施教的理念自古以来便存在于我国的教育哲学之中。随着科技的飞速发展，教学者有了更多可能性来实现个性化教学，让不同类别的学生都能得到量身定制的教学，这种实践方案被称为“混合式学习（blended learning）”。在“混合式学习”中，标准化教学与个性化学习需求相互交织，大规模教育和个性化学习之间找到了一座桥梁，这是一种融合传统教育和现代技术的教学模式。

这种向个性化教学的转变与我国丰富的教育传统相契合，同时也接纳了科技进步带来的动态机遇。在这个转变的过程中，“混合式学习”成为了一个指引，照亮了通向一个教育新范式的道路，这个范式融合了传统与创新，集体与个体，以及古老智慧与未来无限的潜力。

一、混合式学习背后的机理

混合式学习的概念可追溯至 20 世纪 80 年代，最初是指传统面授方式与现代音像媒体相结合的多种教学模式。例如教师运用幻灯片、录音录像作为教学辅助来丰富课堂教学，或者将计算机辅助学习系统融入课程，亦或是采用自主学习与协作学习相结合的小组学习法等。这些方法突破了传统的“讲授－听讲”教学模式的局限性，实现了多样化的教与学。

进入 21 世纪后，网络教育蓬勃发展，混合式学习的内涵获得了延伸和拓展。教学者普遍认为：混合式学习应充分发挥传统面对面教学的优势，与数字化网络化学习的优势互补结合，形成教与学的新生态。这种线上线下融合的新模式，既保留了面对面教学的互动性与情感交流，也实现了网络自主学习的开放性与时间弹性，做到了教学方式的最佳组合。

相较于传统的课堂教学，混合式学习更能满足个性化需求并优化学习过程。美国教育家布鲁姆曾经做过一个研究，其结果表明：在进入课堂前，学生已掌握的知识量（认知入门）是影响学习效果的最重要因素。在传统课堂中，老师的教学内容和节奏是统一的，而学生个体之间的认知差异却常常被忽视，导致部分学习能力较弱的学生无法跟上进度。在混合式学习中，线上自主学习环节可以缩小学生的认知差距。学习能力较强的学生可以自定进度，而学习较慢的学生可以利用视频课程的暂停、倒退、重复功能，逐步消化未理解的知识点。线上习题的即时反馈也有助识别薄弱环节。教师还可以根据学生的数据进行精准辅导。到了线下课堂，学生们的知识基础已经趋于一致。混合式学习更贴近认知学习理论提出的“知识内化”过程：学生先自主建构知识概要，教师线下指导则帮助知识内化和迁移运用。在师生、生生互动中，学习更加主动和个性化，最终达成提高学习成效的目标。

相较于纯线上的慕课教学，混合式学习更加全面和立体化。慕课侧重知识的网络传播，强调自主学习，其课程以预录制的视频讲解为主，师生面对面互动较少。而混合式学习既包含了线上自主学习环节，又设置了线下实体课堂，实现了线上线下的有机结合。从学习范式看，慕课偏重认知性学习，而混合式学习则更注重认知、能力和素养的统一培养。混合式学习秉承现代教育理念，在传授知识的同时，也通过线下课堂活动大量训练学生的沟通协作能力、问题解决能力、创新思维能力等，并培养其学习兴趣、自主管理能力等良好品质。这种教学模式更贴近人的全面发展要求。

二、混合式学习的模式

在谈及混合式学习时，翻转课堂常被视为其主要代表模式。事实上，随着教育技术的不断进步与教学实践的深入发展，混合式学习已经衍生出多种模式，并在各类教学情境中得到了广泛应用和创新。一些模式甚至带来了教学理念上的重大变革，挑战了传统的教学结构和师生互动方式。

本书将深入探讨这些多样化的混合式学习模式，揭示其在实际教学中的应用与影响。通过系统梳理，本书不仅希望呈现这些模式在不同教育场景中的独特价值，还将揭示其如何实现从规模化教育到个性化学习的跨越。探索这些模式，不仅有助于更灵活地设计现代教学方案，还将为教育改革与创新提供有力的理论支持与实践指导。

混合式学习模式的发展，是一个不断演进的过程，深受教育技术、教学理论革新以及实际教学需求的共同推动。2012 年，美国教育学者迈克尔·霍恩与希瑟·斯泰克在其题为《Classifying K-12 Blended Learning》的研究报告中，为混合式学习模式的分类与框架化奠定了理论基石。这一报告详细分析了美国各地学校实施混合式学习的实际案例，并在此基础上总结出几种核心的混合式学习模式，为该领域的后续研究提供了有力参考。

霍恩与斯泰克的研究不仅是对混合式学习实践的深入观察，更是对其教育潜力的开创性探索。这些模式揭示了混合式学习如何以灵活、多样的形式满足不同学习需求，且在如何利用技术提升教育质量、实现个性化学习等方面提供了重要启发。报告发布后，这一框架被广泛应用于全球混合式学习的研究与实践，成为学术界和教育界的重要参考。正是由于这种理论指导与实践应用的结合，混合式学习模式得以在不断创新中稳步发展，对现代教育产生了深远的影响。

图 6-1 中的图表描绘了四种混合式学习模式，这些模式对当今出现的大多数混合式学习项目进行了分类。

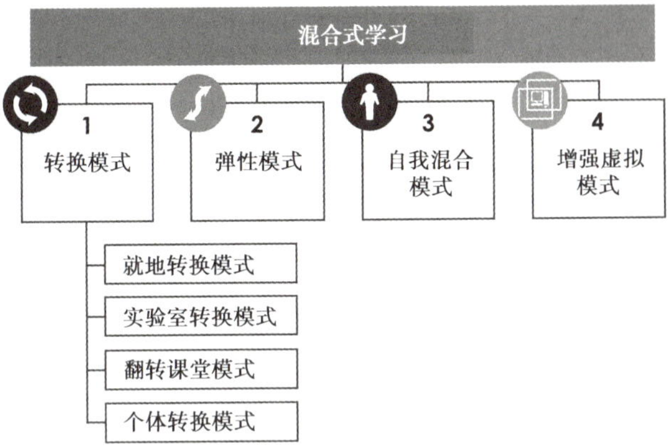

图6-1　混合式学习模式

以下是图 6-1 中模式和子模式的定义，以及不同模式的具体案例。

1. 转换模式（Rotation model）

在这种模式下，学生在特定课程或学科中，依据固定的时间安排或教师的指导，在多种学习方式之间进行轮换，其中至少一种方式为在线学习。其他学习方式可能包括小组授课、全班讲解、小组项目、个别辅导，以及纸笔作业等活动。除了家庭作业外，学生的学习活动主要集中在校园内进行。这种灵活的轮换模式不仅有助于学生在不同的学习环境中强化知识掌握，还可以根据学生的学习需求和学科特性优化教学效果，实现个性化学习和协作学习的有机融合。

（1）就地转换模式（Station Rotation model）

“就地转换”是一种灵活的教学模式，指在一门课程或科目的学习过程中，学生被分成若干小组，依据预设的时间表或教师的安排，在同一教室或多个相邻教室之间进行轮换式学习。这种教学模式的关键要素之一是至少包含一个在线学习空间，用于学生自主学习或完成特定的数字化任务。除此之外，其他学习空间可以根据教学目标和学生的需求灵活设计，通常包括：小组协作活动、全班集体教学、小组项目合作、个别辅导以及纸笔作业等多样化的学习活动。

这种轮换模式通过将不同类型的学习环境结合起来，促使学生在各类学习活动中进行切换，从而满足不同学习风格和需求。在线学习空间通常强调自主性和个性化，而小组合作和全班教学则侧重于互动性和协作能力的培养。这种教学形式不仅提高了学生的参与度，还通过多样化的学习资源和教学方式，促进了知识的深入理解和迁移应用。

此外，教师在“就地转换”模式中的角色变得更加多元化，既要引导学生在不同学习空间中的活动，还要通过观察、反馈和个别辅导等方式，及时调整教学策略，支持学生的个性化学习需求。这种模式强调灵活的时间管理和教学设计，不仅适应不同的学习节奏，还有效提高了课堂的教学效率与质量。

以 KIPP LA Empower 学院为例（如图 6-2）：该校在每个教室配备了 15 台电脑。在一整天中，教师让学生在在线学习、小组教学和个人作业之间进行轮换。

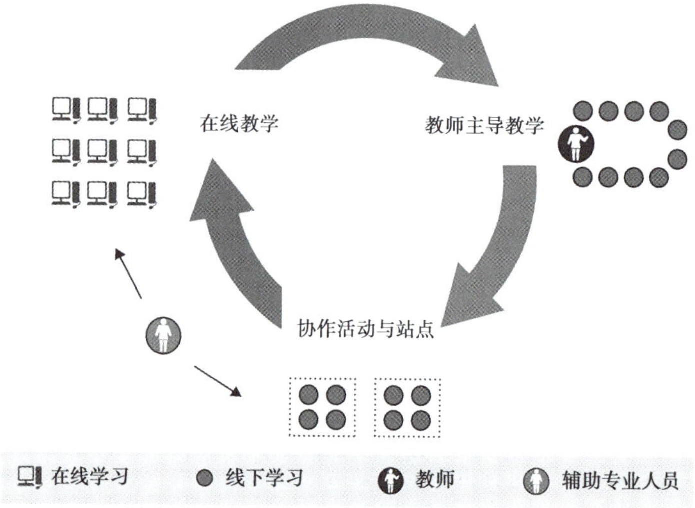

图6-2　就地转换模式

（2）实验室转换模式（Lab Rotation model）

实验室转换与就地转换相似，只不过学生需要前往特定的机房或计算机实验室进行在线学习。该模式的核心特征在于，学生在指定的时间段从普通教室转移至机房，在那里通过计算机或其他技术设备进行课程内容的在线学习。这种安排不仅优化了学习资源的利用，还为教师节省了授课时间和教室空间。

采用机房进行在线教学，由另一位教师或自动化系统负责引导，而原任教师则能够腾出更多的时间用于准备更具深度的教学活动，或者专注于为其他学生提供个性化的支持。这种分工协作模式提高了教师的工作效率，同时也让教学空间得到了更灵活的安排。在同一时段，不同的学生可以在不同的学习空间中根据各自的学习进度和需求开展自主学习，从而增强了教育的个性化与灵活性。

学校为学生配备机房供学习使用这一样教学方式已有几十年的历史，机房在过去主要作为信息技术课程的专用场所，供学生学习计算机技能。随着现代教育技术的不断发展，机房的功能不再局限于特定课程，而是成为了一种综合性学习资源。当前，实验室转换的主要区别在于教师通过整合机房和传统教室的教学时间，打破了这两者之间的界限，创造了更加无缝衔接的课程设计。

这种整合意味着学生在课堂和机房之间的学习活动可以相互补充，形成一个有机的学习系统。例如，学生在机房中可以完成基础知识的在线学习，随后在教室内进行讨论、项目合作或应用知识的实践活动。这种方式不仅提高了教学资源的利用效率，还满足了不同学习阶段的需求，使学生能够在灵活的学习环境中获得更加丰富的学习体验。

实验室转换模式充分体现了现代混合式学习（Blended Learning）的理念，通过将数字化学习工具与传统教学方法相结合，为教育机构提供了高效且灵活的教学解决方案。这种模式既提高了教育的个性化水平，也帮助学校在有限的物理资源下实现更高的教学效能。

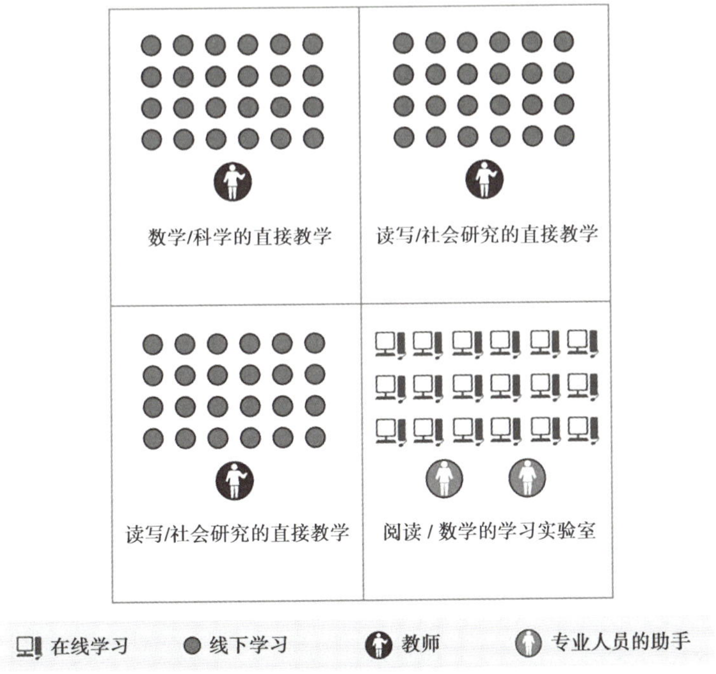

图6-3　实验室转换模式

以 Rocketship Education 为例（图 6-3），这所学校有效实施了“实验室转换”模式，其中一个显著特点是学生每天都会从传统教室轮换至学习实验室，进行长达两个小时的在线学习。这一阶段的在线学习主要聚焦于教学和阅读的个性化提升，通过技术手段为每位学生提供量身定制的学习路径。

在 Rocketship Education 中，学习实验室的设计不仅仅是一个简单的在线学习场所，而是一个高度结构化的个性化学习环境。学生在学习实验室中使用适应性学习软件，软件能够根据每个学生的实时表现调整学习内容和难度。这意味着，无论学生的基础如何，系统都会动态适配其学习节奏，使得每位学生都能在符合其能力水平的挑战中获得进步。这种基于数据驱动的教学形式，不仅提高了学习效率，还确保了每个学生都能以适合自身的方式实现知识的深化与迁移。

值得注意的是，Rocketship Education 并不仅仅依赖技术工具，而是通过将技术与传统教学相结合，形成了一个闭环式的教学生态系统。学习实验室中的在线学习与教室中的面对面教学相辅相成。教师利用学生在学习实验室中的数据反馈，能够更精确地了解每个学生的学习需求。这种基于数据的精准教学策略，有效提高了课堂教学的针对性与互动性，促进了个性化学习的实施。

此外，这种轮换模式也为教师创造了更多与学生进行深度互动的机会。通过将部分基础知识和技能的学习转移到在线平台，教师得以在面对面教学中专注于更加复杂的技能培养和高阶思维的训练。例如，教师在小组教学中可以引导学生进行更具挑战性的讨论和项目式学习，而在线学习的反馈为此提供了有力的数据支持。

Rocketship Education 的这种混合学习模式不仅优化了时间管理，还确保了教学资源的高效利用。学生在轮换过程中接触到不同形式的学习活动，不仅能够保持学习兴趣，还能通过自主学习与协作学习相结合，全面提升学习体验。这种创新的教学方式，使得个性化教育在大规模教学中得以实施，从而大幅提升了学生的学习效果。

通过这种结构化的轮换模式，Rocketship Education 成功实现了技术与教育的深度融合，学生的学业表现得到了显著提升。这一模式不仅为教育公平提供了新的解决方案，还展示了如何在现代教育中平衡个性化学习与集体教学的需求。

（3）翻转课堂模式（Flipped Classroom model）

翻转课堂作为轮转模式中的第三种类型，近年来引起了广泛的关注（图 6-4）。该模式之所以被称为“翻转”，是因为它颠覆了传统课堂教学的时空安排和功能划分。在传统教学中，教师通常在课堂上进行知识的讲解，学生则在课后通过作业巩固所学内容。而翻转课堂则将这一流程“倒置”——学生在课外通过在线课程、视频讲解或其他自主学习材料来学习基础知识，课堂时间则主要用于完成作业、项目或深入讨论，教师则在这一过程中为学生提供个性化的指导和反馈。

这一模式的核心理念在于，通过将知识传授的时间从课堂转移到课外，课堂时间被重新设计为以学生为中心的互动学习空间。学生能利用课堂上的宝贵时间，进行更高层次的思维活动，如应用、分析和评价，而不是仅仅接受信息。这种教学设计不仅提高了学生的自主学习能力，还增强了他们的学习参与度和课堂互动的深度。同时，教师也能够更好地因材施教，针对不同学生的需求提供精准的支持和辅导。

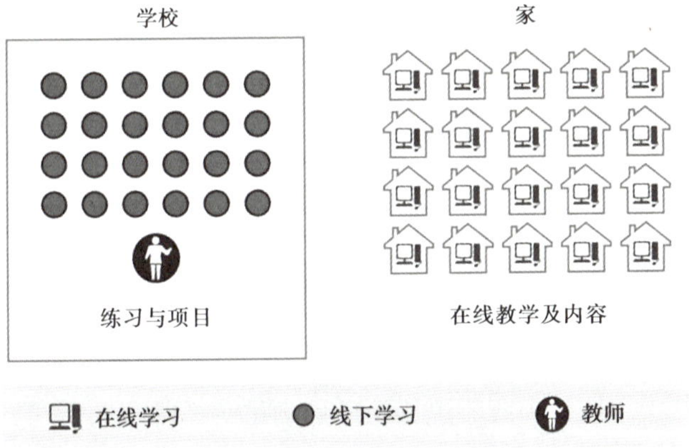

图6-4　翻转课堂模式

（4）个体转换模式（Individual Rotation model）

个体转换是第四种轮换模式。这种模式最合适的描述可能是“选择你自己的学习方式”。这一描述精准地反映了个体转换的核心特征：学生依据为其个人定制的学习时间表，按照自己的节奏和需求，选择适合的学习路径。

在个体转换模式中，每个学生的学习经历是高度个性化的。学生的每日学习时间表不是统一设定的，而是由两种方式得出：一是通过学习管理系统中的算法，该算法根据学生的学习数据、表现和需求，为每个学生生成个性化的学习计划；二是教师根据对学生的观察和了解，亲自定制学习安排。无论是算法驱动还是教师手动设计，最终目的都是为了满足每位学生的个性化需求，优化学习体验。

这种模式与其他转换模式最显著的区别在于，学生并不需要物理上在教室、学习实验室或不同的学习模块之间移动。相反，他们的学习是在一个固定的空间中完成的，而转换发生在学习方式和学习内容的层面。举例来说，一个学生的个性化学习时间表可能包括上午进行在线学习，完成自适应数学练习；接着是个别辅导；之后参与一段小组合作讨论；而下午则可能专注于自主阅读或项目式学习。这一系列活动都是围绕学生的个人学习目标定制的，而非全班统一的学习路径。

在这个模式下，学生能够享有极高的自主性和灵活性。由于学习内容和进度是个性化的，每位学生都可以按照自己的节奏推进学习，无需等待其他同学或追赶班级进度。例如，学习表现优异的学生可以迅速完成他们擅长的部分，并将更多的时间和精力投入到那些对他们来说更具挑战性的科目上。而在某些科目上有困难的学生，则可以获得额外的辅导时间，或通过在线平台中的重复练习进一步强化知识点。

这一模式不仅让学生能够在更大程度上掌控自己的学习，还提升了学习的针对性和有效性。个体转换中的自适应学习技术利用算法实时监测和分析学生的学习数据，包括他们的答题正确率、学习速度和任务完成情况。系统可以即时调整学习内容，确保每个学生都在适合自己水平的学习挑战中前行。同时，教师也会根据系统反馈的数据，定期调整学生的学习计划，为学生提供个别辅导和针对性的教学建议。这种“数据驱动”的教学方式，让教师能够更加精准地满足每个学生的需求，减少了教学上的“盲区”。

此外，个体转换模式强调学生的自我管理能力。在这种模式中，学生需要承担更大的学习责任，管理自己的学习进度并遵循个性化的时间表。这种自主学习的训练，不仅有助于提高他们的学习效果，还能够帮助学生在未来的学术和职业生涯中更好地应对自我驱动的挑战。

从教学的角度来看，个体转换模式也对教师的角色提出了更高的要求。教师不再是传统的知识传授者，而是学生学习过程中的引导者和辅导者。他们需要依靠在线学习系统生成的数据，持续观察学生的学习状态，并为每个学生量身定制学习计划。这要求教师具备较强的数据分析能力和灵活的教学策略。此外，教师还需要与学生保持密切沟通，帮助他们培养学习自主性和解决学习过程中遇到的问题。

个体转换模式不仅是一种灵活的混合学习模式，也是个性化学习理念的有效实践。它打破了传统课堂中“一刀切”的教学模式，能够最大化地利用现代教育技术来满足每位学生的独特需求。通过将算法和教师的专业判断相结合，个体转换使得学生能够在他们的“个性化学习轨道”上自由前行。这种模式不仅提升了学生的学习效果，还为个性化教育在大规模实施中提供了可操作的路径，体现了未来教育发展的重要方向。

卡佩迪姆学校（Carpe Diem Schools）通过创新的个性化学习时间表为每个学生设计了一种高度结构化且灵活的轮换模式，使学生能够在学习中心内的在线学习和传统线下学习之间进行有效切换。这种模式的核心在于时间管理和学习方式的优化，每位学生都会根据个性化的学习需求，依照一个定制的时间表进行学习活动的轮换，每次轮换的时间为 35 分钟。

卡佩迪姆学校的轮换模式不仅强调了学习方式的多样性，还通过 35 分钟的学习模块设置，提高了时间管理的效率。短时间、高频次的轮换使学生能够保持专注，同时避免了长时间专注于单一学习活动所可能带来的疲劳。这种紧凑的时间管理方式通过更高效的学习安排提升了学生的学习产出，帮助他们更好地利用每一个学习阶段。

图 6-5 展示了卡佩迪姆模式的整体架构，明确描绘了学生在一天中的学习活动如何进行有序轮换。图中凸显了在线学习与线下教学如何通过数据反馈和教学调整紧密配合，形成了一个循环式的闭环教学生态。通过这种模式，卡佩迪姆学校实现了教育资源的最佳配置，将教师的指导过程与在线学习的个性化路径结合，极大提高了教学效率。

此外，卡佩迪姆学校的轮换模式还注重学生的个体需求和自主性。在定制时间表中，学生可以根据自身的学习进度、兴趣和薄弱环节获得个性化的学习内容与支持。这种高度个性化的时间管理不仅增强了学生的学习动机，还培养了他们的自我管理和自主学习能力，使得每个学生都能够在适合自己的节奏下取得进步。

卡佩迪姆学校为现代教育提供了一个成功的范例，展示了如何通过技术支持的个性化学习与教师引导的面对面教学相结合，提升学生的学习效果。这种数据驱动与教师干预相结合的教学模式，不仅为每个学生提供了个性化的学习路径，还通过灵活的时间管理和高效的轮换机制，最大化地提升了学生的学习体验和成就感。

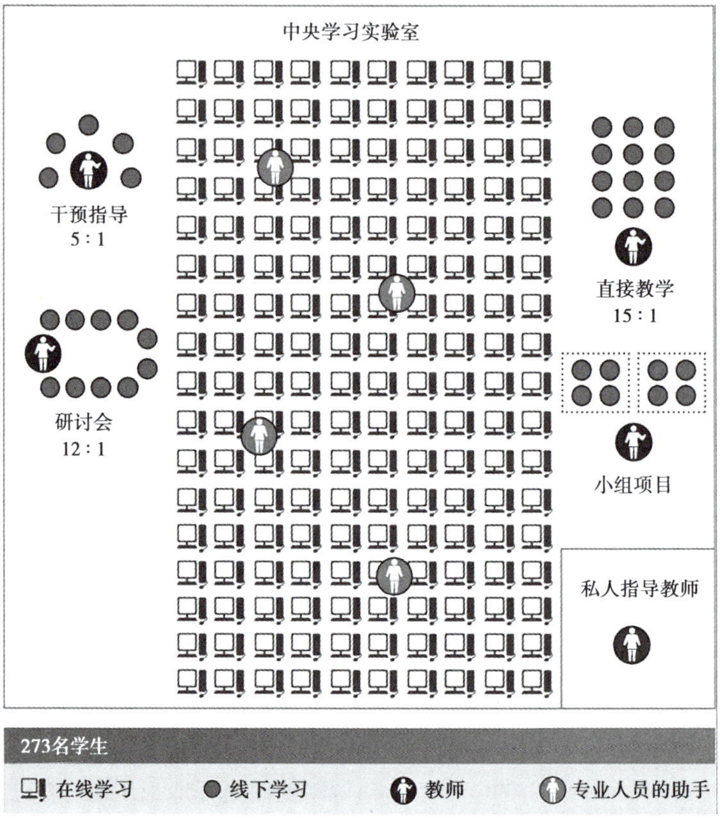

图6-5　个体转换模式

2. 弹性模式（Flex model）

弹性模式是一种以在线学习为主导的教学模式，在这种模式中，学生的学习主要依赖于在线平台完成。尽管有时也会安排必要的线下活动，但在线学习占据了课程或科目中的主要地位。在这一模式下，教师的作用更多地体现在监督和支持学生的学习过程中。学生大多数时间在实体校园内通过在线平台进行自主学习，教师则随时提供帮助和指导。除了在线作业和练习，教师还会组织讨论和课题，以帮助学生更好地理解和巩固所学知识。然而，在某些课程中，教师的参与较为有限，学生需通过在线平台独立完成学习。

弹性模式的一个显著特点是其高度的个性化学习路径。学生可以根据自己的需求和学习进度，自主选择学习的内容和节奏。这种灵活性允许学生在他们需要的时间和地点完成在线课程的各个部分。教师虽然在场，但更多的是作为学生的学习辅导员，为那些遇到困难的学生提供及时的帮助和答疑。尤其是在课题讨论和深度学习活动中，教师会发挥主导作用，引导学生进行更深入的思考和探索。由于学生的大部分学习是在线完成的，教师的干预在某些情况下是有限的。

与弹性模式不同，转换模式则是基于学习活动的轮换。学生在一天中的不同阶段会在各种学习环境之间进行转换，这包括在线学习、小组教学、个人辅导，以及面对面的全班教学等。虽然在线学习在转换模式中也是重要的组成部分，但它并不是学生学习的主体。学生的学习时间被划分为若干模块，在这些模块中，在线学习与其他形式的传统教学相结合。每个学生都会根据事先设定的时间表，在不同的学习模式之间切换，以确保不同类型的学习需求能够得到满足。

在弹性模式中，在线学习是核心，而线下活动是辅助性的支持。学校设计的弹性模式是围绕在线学习展开的，这意味着学生的学习路径更为个性化和自主化，教师的作用更多地体现在支持和指导方面，而不是直接教授知识。教师主要作为学习的引导者，帮助学生解决在线学习中的问题，提供个别化的支持，并在需要时组织更高阶的学习活动，如专题讨论和小组协作。

相比之下，转换模式学校是以传统教学为核心，在线学习作为补充。虽然转换模式中包含在线学习的成分，但它更多的是作为轮换的一部分，而不是整个学习过程的主导。教师在转换模式中通常发挥着更为主动的作用，他们负责直接教学，并在小组活动和全班教学中引导学生学习。学生在学习过程中依赖教师的指导，而在线学习更多是为了巩固所学内容或补充课堂上的教学。

这种差异可以通过以下描述更清晰地理解："转换模式的学校为了区别于传统学校而增添了一些在线学习；而弹性模式的学校则以在线学习为基础，并在需要时补充其他线下支持。"这一观点明确地指出了两者的核心区别。转换模式仍然依赖传统教学方法，在线学习只是其中的一个组成部分，而弹性模式则完全反转了这一结构，在线学习成为学习的核心，线下活动和教师干预在需要时才作为支持性手段加入。

值得一提的是，前面提到的个体转换模式在某种程度上与弹性模式更为接近。个体转换允许学生根据个性化的学习时间表，在不同的学习方式之间灵活转换，不同于传统的转换模式，学生不必在固定的时间内在不同的学习模块之间轮换。这种灵活性使得个体转换在实践中更接近于弹性模式，因为它同样强调了个性化学习路径与自主选择学习内容的特征。

总结来说，弹性模式和转换模式的关键区别在于学习主体的设计逻辑：弹性模式以在线学习为核心，教师提供个别化支持；而转换模式则是通过多种学习方式的轮换，包括在线学习在内的多种活动来支持教学。两者都在不同程度上整合了在线学习与传统教学，但弹性模式显然更倾向于通过个性化和自主学习的方式来重构学习体验。

旧金山弗雷克斯学院（San Francisco Flex Academy）是弹性模式在实践中的一个典型案例，展示了在线学习与面对面教学的有机融合。在该学院中，由技术公司提供核心课程的在线学习内容与教学服务。与此同时，面对面教师在实体校园中通过数据驱动的方式，对学生的学习进度进行持续监控，教师在必要时提供有针对性的干预和额外支持。

在这一模式中，学生的核心课程主要依赖于在线平台的自适应学习系统完成。通过该系统，学生可以根据个性化的学习路径和节奏自主学习。同时，面对面教师借助在线数据仪表盘实时追踪每个学生的学习表现。这些数据仪表盘为教师提供了丰富的学习分析数据，包括学生的学习进度、答题正确率、学习时间以及特定学习领域中的表现。基于这些数据，教师能够为学生提供精准的干预措施，例如额外的辅导、补充学习资源或小组讨论，帮助学生更深入地理解课程内容。这种以数据驱动的干预方式大大提高了教学的个性化水平，确保每个学生的学习需求都能得到及时的满足。

在弗雷克斯学院，负责核心课程的教师被称为记录教师（teachers-of-record），他们主要是学院中的面对面教师。这意味着学生在完成在线学习的同时，也能获得面对面教学的支持，教师会在课程的关键节点上进行干预和指导。例如，教师可能会在学生完成某一在线模块后，组织小组讨论或个别辅导，帮助学生巩固学习内容，进一步提升他们的理解和应用能力。这种灵活且有针对性的支持措施能够有效弥补仅依靠在线学习时，学生可能遇到的个别困惑或学习障碍。

从整体来看，弗雷克斯学院的教学模式通过在线学习与面对面支持的深度融合，实现了高度个性化和灵活化的教学方式。学生不仅可以在在线平台上自主学习，并根据个体需求安排学习进度，还能够获得面对面教师的指导与补充。这种模式充分体现了弹性模式的核心理念，即在线学习为主体，面对面支持为辅，通过数据驱动的精准干预来优化学生的学习体验。

图 6-6 展示了弗雷克斯学院模式的具体架构，凸显了公司所提供的在线课程与学院面对面教师的相辅相成关系。这种协同方式不仅优化了教师的时间管理，也提升了学生的学习成果，为现代教育中的个性化教学提供了新的范例。

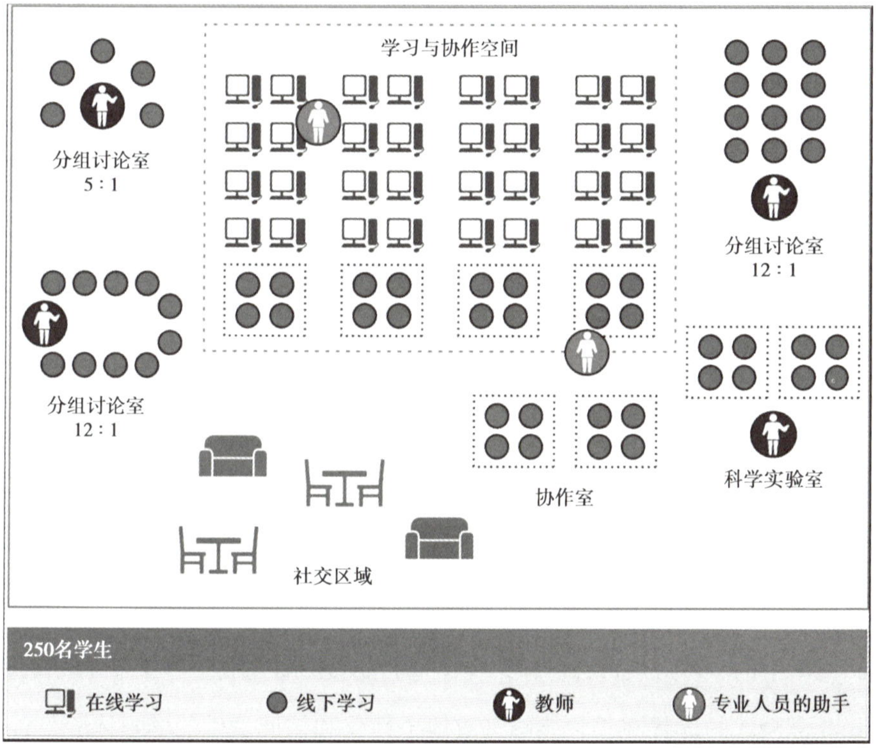

图6-6　弹性模式

3. 自我混合模式（Self-Blend model）

自我混合模式是混合学习模式中的一种灵活形式，允许学生根据个人兴趣和学术需求，选择一门或多门完全在线的课程，以补充其在传统课堂中的学习。这种模式为学生提供了更大的自主权和灵活性，使他们能够在常规课程体系之外，自主选择并学习在线课程。在这种模式下，在线课程的记录教师（teacher-of-record）是提供在线课程的教师，而不是实体学校中的面对面教师。

在自我混合模式下，学生的学习体验是部分在线、部分面对面。在实体校园内，他们参与传统的课程，由面对面的教师负责授课、评估和辅导。同时，学生也可以选择在校内或校外参与完全在线的课程。这些在线课程通常通过自适应学习平台提供，学生可以根据个人的兴趣、时间和需求灵活地安排学习进度。这种在线课程的灵活性尤其适合那些希望在特定领域深入学习或需要额外支持的学生。例如，一位对计算机编程感兴趣的学生可以在实体校园内学习数学和科学等核心课程的同时，通过在线平台学习编程，进一步拓展自己的技能。

自我混合模式的一个重要特点是它并非涉及整个学校的学习体验。与其他形式的混合学习模式不同，学生仅在部分课程上进行在线学习，其余的课程依然按照传统的面对面教学模式进行。这种模式允许学生在保持传统课堂教学的优势的同时，灵活地结合在线学习的自主性和个性化。学生根据自身的需求，自行选择与传统课程不冲突的时间和地点进行在线学习，无论是在校园内的学习中心，还是在家中或其他地点，这种灵活的学习方式可以大大增强学习的便利性和自主性。

在自我混合模式中，负责在线课程的教师角色也发生了变化。在线教师通常通过学习管理系统（LMS）与学生进行互动，监控他们的学习进度，并为学生提供个性化的反馈和支持。学生与在线教师的交流通常通过线上讨论、作业提交、即时反馈等方式进行。与此同时，在线教师也承担着评估学生学习成果的职责，包括测试、项目和作业的评估等。尽管学生的在线学习过程通常较为独立，但在线教师通过数据分析和技术工具，对学生的学习进展进行监控，确保他们能够按时完成学习任务并取得进步。

自我混合模式的优势在于它能够有效地个性化和扩展学生的学习体验。首先，学生可以通过在线课程接触到传统课堂中未能提供的课程资源或学科领域。对于那些拥有特殊兴趣或职业目标的学生而言，在线课程可以为他们提供深入探索某一领域的机会，而不必受到学校课程表的限制。其次，在线课程的自定进度功能允许学生根据自己的学习节奏进行安排，这对于那些需要额外时间深入理解某一概念或希望加速学习某一技能的学生尤为有利。

此外，自我混合模式还可以增强学生的学习自主性和责任感。在这种模式下，学生不仅需要在面对面课程中遵循教师的指导，还必须自己安排在线课程的时间和任务完成情况。这种自我管理的能力培养对学生的长远发展有着重要的意义，特别是在他们进入高等教育或职场后，自主学习和时间管理将成为关键技能。

尽管自我混合模式为学生提供了更多的学习选择，但它也对学生的自律性和组织能力提出了更高的要求。学生需要平衡好在线课程与传统课堂学习的时间安排，确保在两者之间有效地分配精力。此外，学校和教师也需要通过合理的支持体系，帮助学生在面对挑战时保持学习进度。例如，学校可以设立学习辅导中心，提供技术支持和学习指导，帮助学生克服在线学习中的技术难题和学术挑战。

总的来说，自我混合模式不仅为学生提供了多样化的学习选择，还增强了他们的个性化学习体验。通过在传统课程之外整合在线课程，学生能够在拓展知识广度的同时，培养自主学习的能力。对于学校来说，自我混合模式也是一个有效的教育创新工具，可以在不影响传统教学质量的情况下，充分利用在线资源，为学生提供更多元化的学习机会。这种模式展示了混合学习如何通过灵活的课程设计和在线学习工具，帮助学生实现个性化的学术目标和全方位的发展。

Quakertown 社区学区（Quakertown Community School District，简称 QCSD）位于美国宾夕法尼亚州，采用了先进的自我混合模式来为学生提供更加灵活、个性化的学习体验。在这一模式下，学生可以根据个人的学习需求和兴趣，选择一门或多门在线课程，以补充其传统的面对面课堂学习。

QCSD 要求所有选择在线课程的学生在注册之前完成一个网络学习导向课程（cyber orientation course），以确保他们具备在在线环境中成功学习所需的技能和工具。这个导向课程帮助学生熟悉在线学习平台的使用，并了解如何有效管理时间、规划学习进度以及自主解决学习过程中遇到的挑战。这种准备工作确保了学生能够更好地适应异步课程（asynchronous courses）的学习方式，在这一过程中，学生可以根据自己的时间安排，随时随地参与课程学习。

在 QCSD 中，学生有多种选择来完成在线课程，他们既可以选择在家中等校外环境中远程学习，也可以在学校的网络休息室（cyber lounges）进行学习。网络休息室是学校专门为学生设计的学习空间，配备了现代化的技术设施，提供了一个安静、舒适的环境，学生可以在这里专注于在线课程的学习。这种灵活的学习环境让学生在选择学习地点上拥有了更大的自主权，既适合那些喜欢在校园内受到监督的学生，也为那些希望远程学习、自由安排时间的学生提供了支持。

QCSD 的在线课程由在线教师担任记录教师，这些教师大多数同时也负责教授面对面的课堂课程。因此，在线教师不仅了解在线学习的特点和挑战，也深谙学生在传统课堂中的学习需求。这种双重角色使得教师能够在两种学习模式之间进行灵活切换，并且能够在学生需要时提供个性化的支持和指导。学生与教师的互动主要通过在线学习平台进行，教师通过该平台为学生提供作业反馈、考试评分以及定期的学习进展报告。这种实时的数据监控与反馈机制确保了学生在在线学习中能够得到及时的帮助和调整，从而更好地掌握学习内容。

值得注意的是，QCSD 的自我混合模式体现了异步学习的灵活性和自主性。学生可以根据自己的学习进度和日程安排，自主决定何时学习和完成课程任务。这种模式为那些希望加快学习进度或在某些领域深入学习的学生提供了极大的便利，也为那些需要额外时间理解课程内容的学生提供了更为灵活的时间安排。

QCSD 的模式通过技术支持与个性化学习的结合，显著提高了学生的学习体验。首先，在线课程的设计与传统课堂教学相辅相成，确保学生在扩展知识面时不会脱离课程的整体框架。其次，学生在异步课程中获得的自主权也培养了他们的自我管理和自主学习能力，这对于学生在未来的学术和职业发展中至关重要。自我混合模式不仅提升了学生的学术成绩，也培养了他们的责任感、时间管理技能以及独立解决问题的能力。

从教师的角度来看，自我混合模式也带来了教学方法上的创新与灵活性。通过兼任在线与面对面课程，教师能够利用在线数据分析工具更好地了解学生的学习行为，针对不同的学习进度和需求提供个性化指导。此外，教师还可以通过在线平台开展更多元化的教学活动，如小组讨论、在线测验以及课外拓展任务等，进一步提升学生的参与度和学习效果。

图 6-7 展示了 QCSD 模式的整体架构，明确了学生如何在在线与面对面课程之间灵活转换。学生不仅可以在学校的网络休息室中学习，还可以在家中或其他地点完成在线课程。这种模式打破了传统的校园时空限制，让学生在享受校园内教学资源的同时，也能够利用在线课程的自由度，进行自主学习。这种学习方式为教育的个性化发展提供了新的可能，成为混合学习模式中的典范。

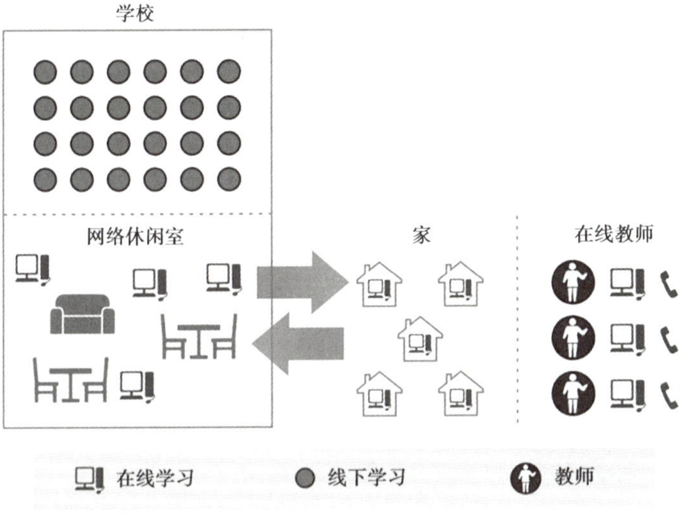

图6-7　自我混合模式

4. 增强虚拟模式（Enhanced Virtual Model）

增强型虚拟模式下，课程设置中包含必要的面对面学习部分，学生则可以在任何他们选择的地点在线完成课程的其余部分。具体来说，这种模式的设计使得学生能够在特定的日子内参与实体课堂教学，同时在其他日子独立进行在线学习。例如，某些课程可能要求学生在周二和周四参加实体教学，而在周一、周三和周五则可以在学校或其他场所进行自主在线学习。

此外，增强型虚拟模式还允许根据学生的学习表现来调整实体教学的安排。如果学生的学习成绩出现下滑或表现不佳，系统会自动增加他们所需的实体教学时长，以确保他们能够获得必要的支持和指导。这种灵活性使得教学能够更好地适应个体学生的需求，从而提高他们的学习效果。

值得注意的是，增强型虚拟模式与翻转课堂存在明显的区别。在翻转课堂中，教学内容通常是事先通过在线平台提供，学生在课堂上进行互动和实践。而在增强型虚拟模式下，学生在面对面学习的频率较低，几乎不会在每个工作日都与老师见面，这使得该模式更侧重于学生的自主学习。

此外，该模式也与全日制在线课程有显著的不同。全日制在线课程通常是完全基于线上学习，学生可以灵活安排学习时间和地点。然而，增强型虚拟学习模式则明确要求实体校园体验为必修课程部分，而非仅仅是可选的教师答疑时间或社交活动。这种设计不仅增强了学生的社交互动和面对面的学习体验，也确保了他们在学业上的持续参与和支持。通过结合面对面与在线学习，增强型虚拟学习模式旨在为学生创造一个全面、灵活且个性化的学习环境，从而提高学习成效和学生满意度。

在阿尔伯克基电子学院（Albuquerque e-Academy），学生首次课程会议在实体校园中与教师进行面对面的互动。这种初步的面对面接触不仅为学生提供了建立师生关系的机会，还为随后的学习提供了支持和指导。在此之后，学生可以根据个人学习偏好选择在家或其他地方远程完成剩余的课程作业。为了确保学业的质量与持续性，学生必须在课程中维持至少“C”的学业成绩，这一要求旨在促进他们的学术责任感和自我管理能力。

这一教学模式体现了增强型虚拟学习模式的核心理念，通过将面对面的指导与灵活的在线学习结合起来，满足了学生多样化的学习需求。通过最初的实体课程会议，学生可以获得必要的指导和支持，从而为后续的在线学习奠定坚实的基础。远程学习的灵活性不仅允许学生在适合自己的时间和地点进行学习，还能帮助他们在一个适应性强的环境中自我调节学习进度。

图 6–8 展示了该校的增强型虚拟模式，这一模式不仅为学生提供了技术驱动的学习工具，还鼓励他们在数字化学习环境中保持高水平的参与度。通过这种模式，学生能够在保持学术标准的同时，体验到现代教育技术带来的便利与灵活性。这种集成的学习方式既提升了教育的个性化程度，又确保了学习成果的有效性，为学生的未来发展打下了坚实的基础。

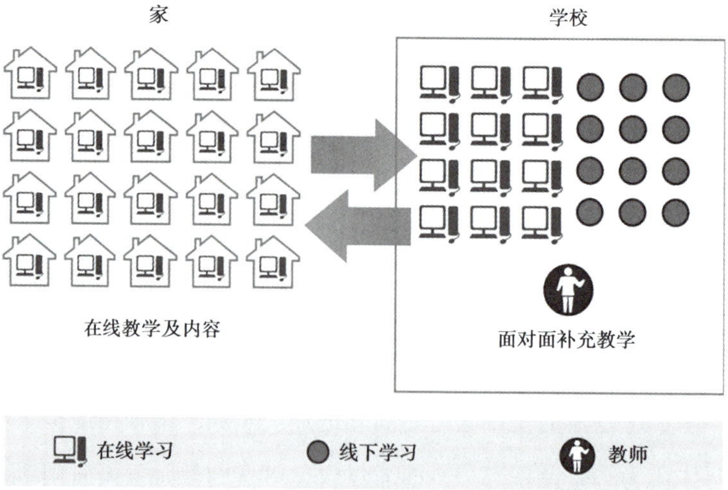

图6–8 增强虚拟模式

三、对混合式学习模式的思考

霍恩与斯泰克提出的四种混合式学习模式，既为教育领域带来了深刻的启示，也为未来的教学设计提供了更多的可能性。这些模式在当前的框架下已经具有很强的实践性与创新性，随着科技和教学理念的不断进步，它们极有可能在未来得到进一步拓展。然而，这些模式的真正价值并不仅仅局限于具体形式的创新，更在于它们促使教学者跳出了传统的教育思维框架，重新审视和设计教学的本质与方式。

在这种新的视角下，学习不再是单一维度的课堂活动，而是被赋予了更加丰富的内涵。它涵盖了从实体课堂到虚拟在线的各种场景，打破了时间与空间的限制，创造了更多样化的学习体验。即使是在实体课堂中，学习的形式和任务也会因学习空间的不同而发生变化——从传统的教室到开放的学习社区，从集体讨论到个性化探究，每种空间都为学习提供了不同的可能性和挑战。

这种转变不仅仅是技术的进步，更反映出教育理念的深层变革。学习成为了一种动态的、多维的过程，师生之间的互动、学习者与环境之间的交互共同构建了一个更加灵活、个性化和包容的学习生态系统。这种系统不仅能够适应不同学习者的需求，还能够促进自主学习、批判性思维和创新能力的发展。

因此，混合式学习的意义远远超出了技术工具的应用，它代表着教学者对学习本质的重新思考与再定义，促使教育走向一个更加开放、多元、灵活的未来。

在混合式学习引领教育变革的浪潮中，教学者见证了诸多尝试和改变，其中最为瞩目的莫过于大量智慧教室的建设。这些智慧教室旨在创造一种全新的学习空间，通过可拼接的桌椅、交互式大屏、录播系统等先进设施，为学生塑造独特而富有吸引力的学习体验。然而，令人遗憾的是，许多教师并未与之相应地进行教学改革和创新，导致智慧教室与传统课堂的差异仅限于桌椅布局的改变和投影设备的清晰度提升，未能充分发挥智慧教室的潜力。

事实上，智慧教室只是学习空间设计的一部分，它的真正价值在于与整个教育生态系统的协同。只有在全局性的空间设计下，精心规划与之匹配的教育改革和教学创新，才能真正带来颠覆式的学习体验。为了达成这一目标，一方面，教育管理者需要具备深厚的教育理论知识和丰富的教学实践经验，以便有效地推动新型学习空间的构建和与之相适应的教学方法的实施。另一方面，教师须科学地设计教学方案，以适应这种空间交织、模式多元的学习生态。在虚拟与实体、集体与个体、开放与封闭等多重空间相互交融的背景下，教师不仅需要为每种学习空间量身定制相应的学习任务，还需灵活调整这些任务之间的关系，使不同空间的学习体验彼此贯通、相互促进。

具体而言，教师首先需要对学习空间有深刻的理解：教师应细致分析各空间的特性和局限，识别出每种空间中学生能够最优表现的学习活动类型。例如，在虚拟学习环境中，个性化学习和跨地域的协作尤为便利，而实体课堂则更加适合促进深度讨论和面对面的批判性交流。这种基于空间特性的任务设计不仅增强了学生在每种环境中的参与度，也能够因地制宜地强化他们的多方面能力。更为关键的是，如何科学、有效地评估学生在各类学习空间中的学习成效。仅凭传统的评价方式，难以准确衡量学生在多元空间中积累的知识、技能和素养。为此，教师需要引入多维度的评价指标，综合运用表现评估、过程评价、同伴反馈等方式，以全方位捕捉学生的成长轨迹。这种评价模式既能帮助教师识别并支持学生在各类空间中所取得的成就，也有助于保证每一种学习形式能够真实促进学生的全面发展。

然而，从传统面对面的教学方式向混合学习的模式转变，对教育工作者与学习技术专家而言，均面临着重大挑战。（课堂环境与在线环境各自具备复杂的特性，其间蕴含着微妙的互动与动态变化，这进一步加剧了转型的难度。尤为值得注意的是，对于缺乏在线课程教授经验的教师而言，从一种教学模式过渡到另一种往往布满了潜在的风险与挑战。设计高效且富有成效的在线学习体验，不仅要求教育工作者具备深厚的教学理论基础，还需他们熟练掌握并运用各类数字工具与技术。在下一节，本书将介绍一种创新性课程设计方法—ABC Learning Design，可用于混合式学习的课程设计。

四、创新混合式学习的课程设计——ABC Learning Design

ABC Learning Design 是由伦敦大学学院（UCL）开发的一种快速课程设计方法，全称为 Arena Blended Connected Learning Design，简称 ABC Learning Design。该设计方法专注于帮助教师和课程设计者以学生为中心，快速地设计和开发混合式学习（blended learning）和在线课程。在英国高校，ABC Learning Design 已被广泛应用于课程设计与评估。教师们通过这一框架，能够更清晰地规划课程结构，促进跨学科合作，提升学生的学习体验和成效。ABC Learning Design 通过三个核心概念来提升教学和学习体验：Arena、Blended 和 Connected。

Arena（场景）：这代表了一种场景化和参与式的课程设计过程。在 ABC Learning Design 中，教师和设计者在一个互动的工作坊环境中合作，通过集体反思和创新来设计课程的学习活动。这种场景化的方法为教学者提供了一个实际操作的平台，使他们能够快速地绘制出课程结构，并根据教学目标设计学习活动。

Blended（混合学习）：“Blended”代表混合学习的核心理念。ABC Learning Design 特别强调如何将面对面教学和线上学习有机结合，帮助教师设计出既能在传统课堂上实施，也能在线支持的学习活动，从而拓展学生的学习时间和空间，并增强他们的学习体验。

Connected（互联）：互联强调了学习的连贯性和协作性。ABC Learning Design 鼓励通过技术实现教学中的互联互通，支持学习者在网络环境中进行协作和社会化互动。学生不仅能够通过课程内容进行自主学习，还能通过在线平台与同学和教师建立联系，实现知识的共享和协同学习。互联学习环境利用学习管理系统和协作工具，如 Moodle、Blackboard、Perusall 和 Slack，帮助学生在课外保持互动，并支持全球化学习模式，使学生能够跨越地理界限进行交流和学习。

1.ABC Learning Design 的起源

2014 年，UCL 数字教育团队受邀支持一个新型医学本科项目的开发。尽管最终成果取得了成功，但团队意识到在开发过程中缺乏结构化的学习设计方法。这种缺失导致讨论常常变得被动且缺乏重点，对所有参与者而言都有些令人沮丧。

这一经验让团队深刻体会到 Beetham 对高等教育课程设计的批评，即“实践和过程往往是局部的、临时的、未经检查的，对不断变化的需求反应迟钝”。Nicol 进一步指出，“高等教育中的课程设计通常不是一项正式的活动，大多数高等教育机构几乎没有提供正式或非正式的支持来帮助学者改进学习活动、模块和课程的设计”。然而，Beetham 也警示道：尽管变革被认为是必要的，但在复杂且权力分散的机构中，这一过程往往难以实现。

在这种背景下，团队开始探索一种轻量化、简化的课程设计流程，以便能够设计出既符合学校要求、又以稳健教育原则为基础的课程、模块和项目。

英国高等教育在课程设计领域进行了广泛研究。有学者指出：面对面的研讨会特别成功，因为它们能够让课程团队集中精力探讨某个模块或方案，并通过图形化的工具（如时间表和故事板）开发课程设计。阿尔斯特大学的课程设计团队率先采用了故事板方法，通过使用课程“画布”和可选择、排序、注释的卡片集，促进团队讨论。这些工具还被用于设计课程的“时间线”大纲，为设计过程提供了有力支持。

UCL 数字教育团队则希望采用一种更通用的设计方法，以支持模块和课程的整体设计需求。同时，他们意识到需要关注混合式学习模式，并寻找能够推动数字教学模式应用的有效方法。在探索了多种可能性后，团队最终选择了戴安娜·劳里拉德教授提出的“学习类型”概念。这一框架源自她的成人学习对话模型，提供了一种结构化的方式来指导模块和课程的设计，特别是在混合式和数字教学环境中表现出色。

2. 学习类型 -ABC Learning Design 的理论基础

“学习类型”被证明是一种强大且易于理解的理论，能够有效促进教学与学习的讨论与反思，并展示如何快速开展以教学为基础的学习设计。六种学习类型包括：习得（阅读、观看或聆听）、调查、实践、讨论、协作和生产。每种类型的学习活动都体现了学习者与教师、学习者与同伴在概念或实践层面的互动循环。教师的角色是“激发内部循环，促进并调节学习者在概念与实践上的发展”，从而实现有效学习。

对于教育理论背景有限（甚至可能充满敬畏）的教师而言，学习类型方法简单易懂，与教学实践紧密契合，并能激发丰富的教学讨论。正如劳里拉德所述，其方法的“简单性掩盖了复杂性”，背后蕴含了诸多教育理论，如概念学习、体验学习、社会建构主义、建构主义和协作学习，同时借鉴了教学活动设计的相关原则。

尽管 ABC Learning Design 的理论基础深厚，UCL 团队常在研讨会中指出，参与者无需了解这些理论即可成功使用该方法。然而，正是这种理论基础赋予了方法权威性，即使表面看似简单，其理论稳健性已在实践中得到了充分验证。这种平衡使得学习类型方法既具有理论深度，又便于广泛应用。

六种学习类型被转化为 ABC Learning Design 卡片（如图 6-9 所示），课程团队可以利用这些卡片反思现有教学实践。从这一角度来看，学习类型构成了一种简化的“设计语言”，易于掌握并在团队中共享。这一方法带来了以下几方面的影响：

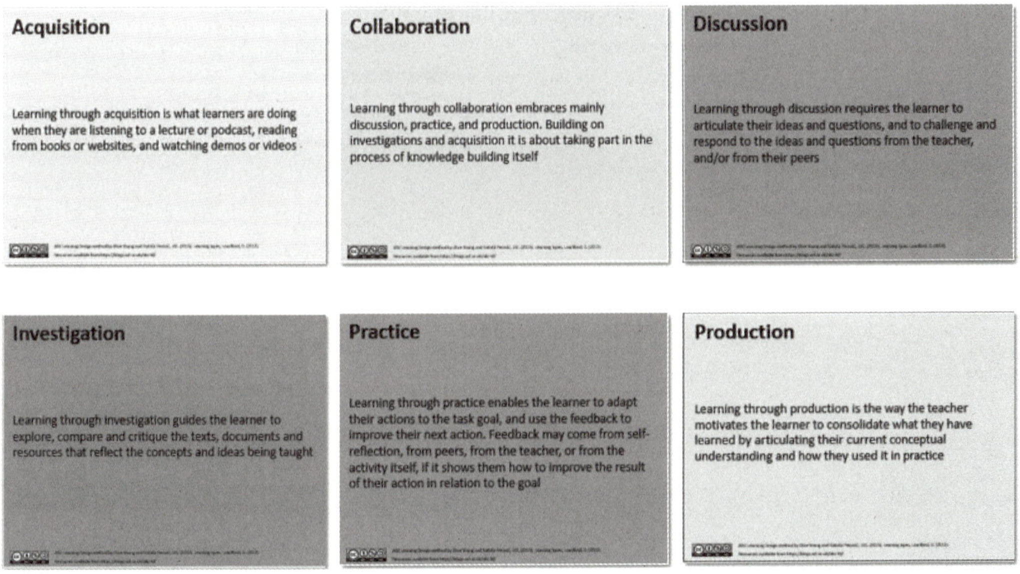

图6-9　学习类型卡片

以学生为中心的对话框架自然嵌入。学习类型方法促使课程设计围绕学生学习活动展开，而非仅专注于教师的教学内容或形式，从而形成以学生为中心的对话框架。

课程重新定义为活动的系列与组合。课程不再仅由内容、覆盖范围、课程结构或学习成果定义，而是被视为学习活动的系列与组合。这种转变有助于教学设计更加灵活且聚焦学习者体验。

教学活动从交付方式中适度抽象化。活动设计被从传统的交付方式（如讲座、实验室、辅导等）中解构出来，使课程团队能够以更广阔的视角审视教学实践，并为课程设计提供创新的可能性。

ABC Learning Design 卡片的反面同样发挥着重要作用，它以一种直观且相关的方式将教育理论与实践相结合。通过卡片的反面，课程团队可以清晰地看到如何将教学实践映射到六种学习类型的具体类别中，从而深化对教学活动的理解。它提供了两个关键的参考专栏，分别列出了“传统”教学实践及其相应的数字替代方案。这种设计不仅帮助教师更清楚地理解传统教学活动与学习类型之间的关系，还为他们提供了切实可行的建议，鼓励他们探索数字化教学模式的可能性。

Learning types cards (front and back)

Learning type: Collaboration

Conventional method	Digital technology
small group project	small group projects using online forums, wikis, chat rooms, etc. for discussing others' outputs
discussing others' outputs	building a joint digital output
building joint output	

图6–10　学习类型卡片（背面）

例如，当教师反思当前教学实践时，他们可以利用这些建议轻松识别哪些数字工具或方法可以替代或增强传统活动，如将课堂讨论转化为在线论坛、用虚拟实验室替代物理实验室。通过这种方式，卡片不仅成为反思和设计的工具，也为混合式和在线学习模式的转型提供了具体指导。

为了方便教师了解最新的技术工具和资源，ABC Learning Design 卡片上还附加了二维码，链接到在线“工具轮”和相关支持资源。这一设计使教师能够迅速找到所需信息，同时简化了工具选择的过程。工具轮基于 ABC Learning Design 中的六种学习类型，将可用的教育工具进行分类，使教师能够快速匹配适合的工具并了解支持水平。

3. 工具轮

工具轮将可用的工具与学习类型进行映射，已被证明在实践中非常有效。尽管市面上存在许多类似的“工具轮”模型，但UCL团队的独特之处在于，这种映射专注于帮助学者了解他们可以使用的工具类型，并将其与具体的学习类型紧密联系起来。

此外，UCL团队引入了同心环设计，强力支持工具位于内圈，提供全面支持，包括操作手册、研究资料及使用许可；有限支持工具位于中间圈，提供部分支持，如操作手册或专业指导中的一项或两项；启发性工具位于外圈，仅用于激发创意，不提供具体支持。通过这一分类，教师能清楚了解工具的使用风险、适用范围及其支持程度。

工具轮设计具备动态性，能够适应不断变化的教学需求和技术支持环境。例如，某些工具因功能增强而支持更多的学习活动，其在工具轮中的位置可能从外圈移至更靠中心的位置。同样，支持策略的调整也可能导致工具分类的变化。为确保工具轮始终与最新需求保持一致，它以数字化形式呈现，可快速更新，从而避免过时版本在教师群体中传播。

为开发这一工具轮，UCL团队组织了一系列工作坊，召集了学习技术专家、技术支持人员以及其他开发者共同参与。这一协作过程不仅确保工具轮的实用性，还为机构内部建立了关于工具支持范围和深度的共识。哪些工具受到支持，以及支持到何种程度，都是设计过程中需要深入探讨的重要议题。

UCL团队建议其他机构采用类似的共创方式，召集多方利益相关者共同设计适合本机构的工具轮。这种方法既有助于建立一致的支持框架，又能促进跨部门的协作和理解，最终为教学与学习的数字化转型提供坚实基础。

复杂的工具轮呈现虽然全面，但实际用途可能有限。因此，各机构团队根据本地技术可用性创建自己的工具轮，通常以虚拟学习环境（Virtual Learning Environment）为中心，并根据需要添加其他受支持的工具。开发本地工具轮不仅实用，也是一项富有趣味的尝试。最初的UCL工具轮便是在一个由数字教育专家和信息技术支持人员参与的工作坊中集体创作完成的。同样，相关项目中的工具轮也是集体协作的成果。在地方层面，教师和学生也可以参与到设计与讨论中，为工具选择和使用提供宝贵的视角。

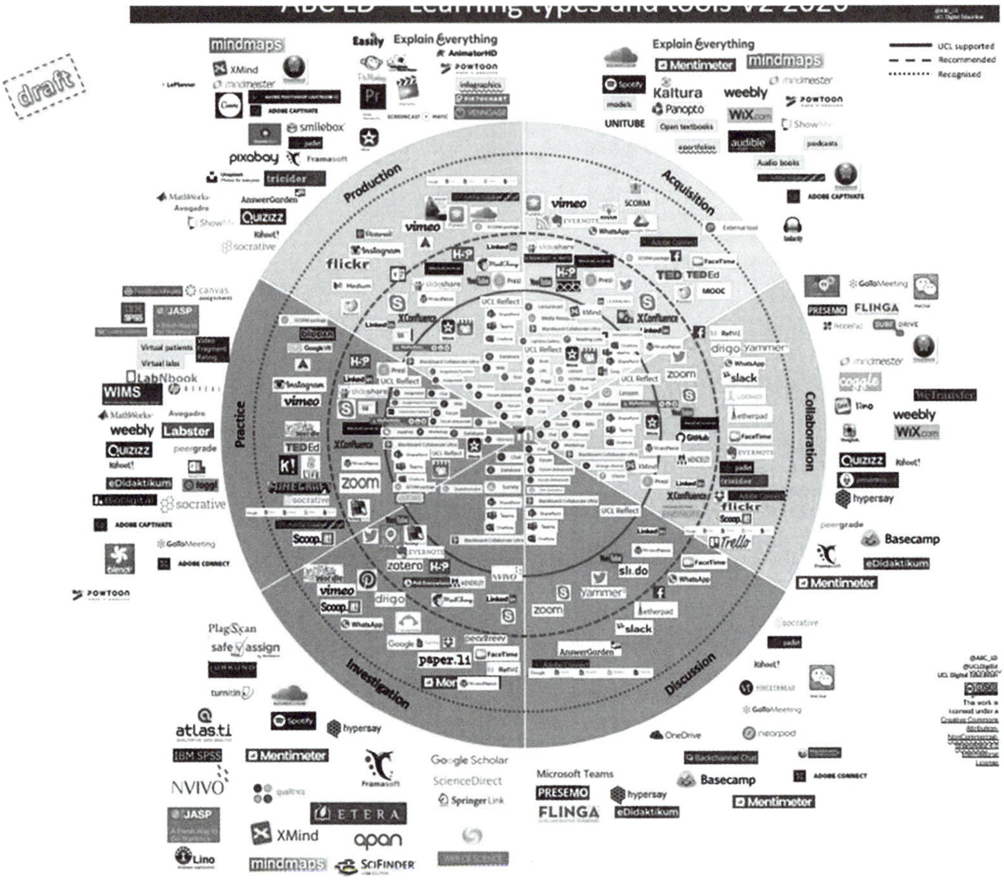

图6-11　工具轮

这些活动通常会引发以下关键问题的讨论：

①大学支持哪些工具？

②支持的具体程度如何？（例如，是否支持虚拟学习环境的所有功能，还是仅部分功能？）

③有哪些可用的支持资源？

④机构还应支持哪些工具，或存在哪些缺失？

⑤工具如何被纳入支持列表，又如何被移除？

⑥如何在教学需求与技术或成本限制之间找到平衡？

⑦如何管理非正式工具的使用？（例如，非机构性工具是禁止、容忍，还是给予指导？）

⑧如何识别并分享良好实践？

这些问题的讨论有助于明确学校为师生提供的支持内容，并提升对数字化教学潜力的理解。一旦开发完成，工具轮既可在工作坊中用于指导参与者的技术决策，也可独立于工作坊作为教师发展的资源。例如，在一个以 Canvas 为虚拟学习环境的项目中，阿姆斯特丹大学开发了一个以 Canvas 为核心的工具轮，用于支持其本地教学需求。

总体而言，工具轮通过动态化设计、清晰的分类与支持策略，以及便捷的数字化访问方式，为教学技术的选择与实施提供了结构化指导。这种工具不仅能提升技术使用的效率，还能确保其在教学实践中的有效性，推动以学习目标为核心的技术整合。

4.ABC Learning Design 的基本流程

ABC Learning Design 通常以工作坊的形式开展，由课程负责人发起，并由当地行政团队负责组织实施。

工作坊的时长通常安排为 90 分钟，其间可同时重新设计课程的多个单元。若工作坊针对的是整个课程，课程时间则延长至 120 分钟。在 UCL 中，团队已开始尝试针对整个课程举办工作坊，这额外的 30 分钟为课程负责人提供了一个关键时间段，能够引导团队解决整体课程设计中的共性问题，例如教育策略、多样性评估、学生反馈、职业资格变化等议题。

工作坊的另一个重要环节是在结束时，由单元负责人进行简要汇报。他们会向在场的其他团队成员介绍自己的设计，分享单元设计的思路与创新点。这不仅为各单元之间的交流提供了机会，还能促进课程整体进展的可视化。在这一过程中，团队成员可以探索课程活动的连贯性、各模块中策略的实施情况，以及可能影响学生整体学习体验的问题。

这一协作方式显著提高了工作坊的价值，不仅为各模块设计提供了个性化支持，也为整个课程的学生学习体验提供了独特的全局视角。通过这种集体讨论和反馈机制，课程设计团队能够更好地识别并解决潜在问题，同时确保教学策略在整个课程范围内的连贯性和有效性。

图6-12　ABC工作坊

在工作坊中，每张桌子代表一个课程、单元或主题团队。最理想的团队人数为四人，虽然个人也可以单独工作，但会错失与他人交流的宝贵机会。为提升设计质量，有时还会邀请修过该课程的学生加入团队，为设计提供用户视角。课程或单元负责人通常负责分配团队成员至各桌。

团队在工作坊中的首项任务是达成对模块或课程的简要描述（例如标语、独特卖点、价值主张等）的共识，并将其记录在工作坊提供的图表纸上。这一过程旨在帮助团队明确讨论模块的总体目标，并为后续的设计奠定统一的基础。团队负责人随后将这些描述反馈给工作坊引导者，以确保全员对目标的理解一致。

接下来，参与者使用蜘蛛图（图 6-13）为单元或课程勾画出初步的“设计形状”。这一环节要求团队基于六种学习类型（如实践或协作的程度）和面授学习与在线学习的混合方式，对课程的主要特征进行可视化表达。通过这种方式，团队能够快速形成对课程整体结构的直观认识，并为后续的设计提供清晰的参考框架。

接下来，团队通过在时间轴上规划学习活动来细化设计（图 6-14）。时间轴使用一张大型 A1 纸“画布”表示，团队需要将明信片大小的卡片按照时间顺序排列，规划每种学习类型的分布。通常一个单元的活动序列会重复，由两到三种主要活动模式构成。

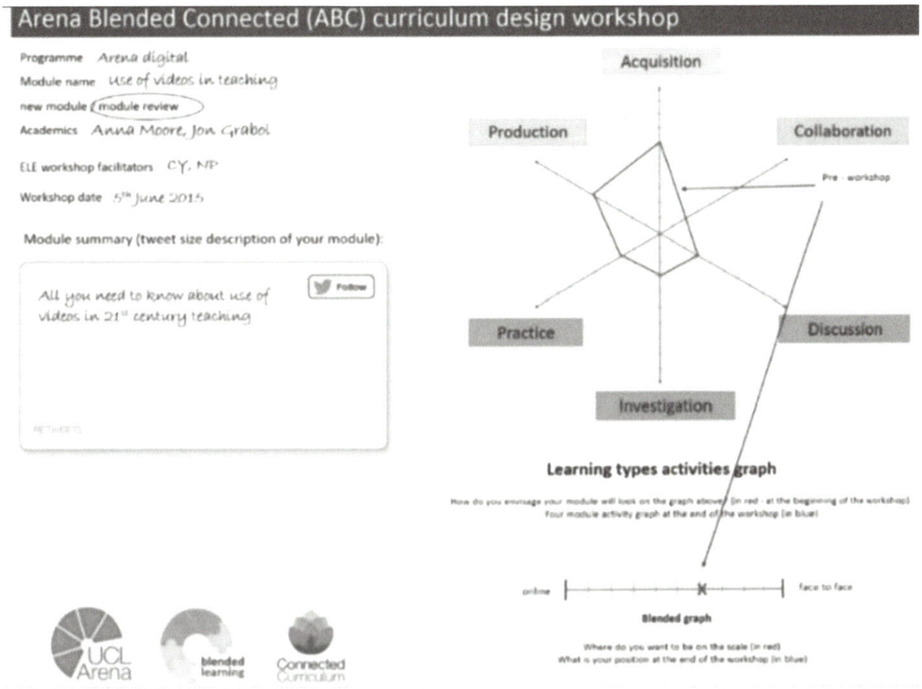

图6-13　蜘蛛图

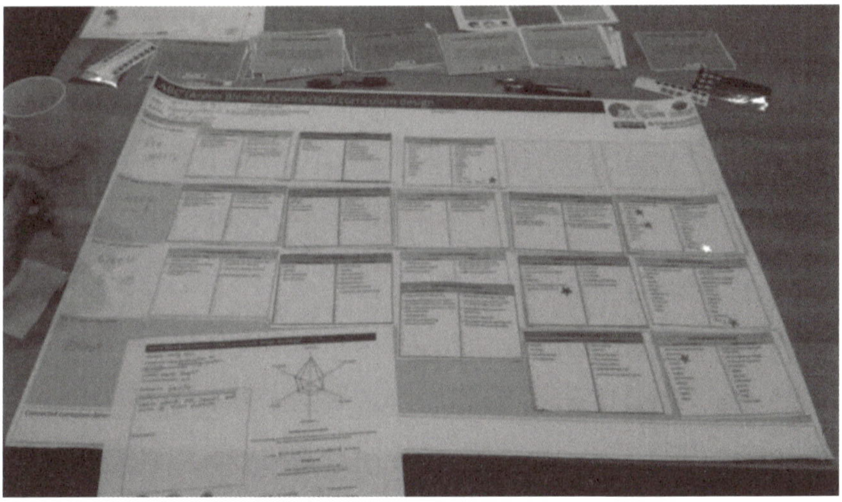

图6-14　学习活动规划图

在团队对活动的大致安排达成一致后，参与者翻转卡片。每张卡片的背面列出了与对应学习类型相关的常规和在线活动的建议清单，团队可以从中勾选适合的活动，也可以自行补充。这一过程使学习活动的类型和范围迅速清晰，并启发新的设计思路。此环节的目标并非提倡“理想”的活动组合，而是鼓励团队之间展开有组织的对话，集思广益。

在学习活动确定后，团队接着寻找形成性和总结性评估的机会，并通过粘贴银色（形成性评估）和金色（总结性评估）的黏性星星标记在相应活动上。此时，单元或课程开发团队已经对学习和评估活动的整体安排以及具体细节形成了全面的理解。

随后，团队根据工作坊初始的学习类型图和混合图，再新设计调整单元或课程的形状。参与者使用不同颜色的笔绘制新的形状，以清晰地标注设计的变化。这一阶段还允许团队更深入地探讨课程的具体组成部分。在UCL中，团队通常会参考关联课程的教育策略，例如多样性评估或数字能力，将其在设计中标注为编号贴纸。这些贴纸还可用于其他机构框架的标识，如就业能力、毕业生成果、数据素养等。这种方法已被证明是一种有效且自然的方式，能帮助团队解决复杂的设计任务。

最后一个阶段是完成故事板。这个故事板不仅能为详细了解学生文档提供基础，清晰描述学生的“学习历程”，还可用于虚拟学习环境（如Moodle）中模块的大纲设计。此外，团队在后续开发过程中也能参考故事板，确保一致性与执行效果。事实上，许多团队会将故事板张贴在办公室墙上，作为持续改进课程设计的参考。

5.ABC Learning Design的本地化

UCL和其他机构的早期测试表明，ABC Learning Design具有较高的可迁移性，激发了学术热情，也让使用者满意度颇高。然而，要想在其他地方成功推行，ABC Learning Design可能需要根据当地情况进行修改和调整。反过来，UCL团队也意识到，ABC Learning Design的成功得益于其独特且富有活力的“模式”。过多的修改，尤其是在工作坊中添加新的概念元素和参与者任务，可能会破坏ABC Learning Design的活力和工作流程。此外，保持ABC Learning Design的核心结构，用户就能更轻松地在整个群体中分享想法和资源。因此，ABC Learning Design的本地化需要达到一种平衡，本书建议各团队先从基础的“ABC-学习设计”格式入手，根据工作坊的反馈意见，逐步改变或调整相关元素，以满足当地的情况和需求。这些改变包括初始展示、时间安排、内容、活动、卡片集、故事板、会前会后活动等方面的调整，如去除UCL特定元素、延长工作坊时间、增加理论背景、调整活动重点、改编卡片集、改变故事板布局、增加会前准备和会后跟进等。下面给出几个活动类别卡片本地化的例子。

索邦大学在卡片上添加了研究时间（图 6–15），增加了同步性、异步性和教师监督。

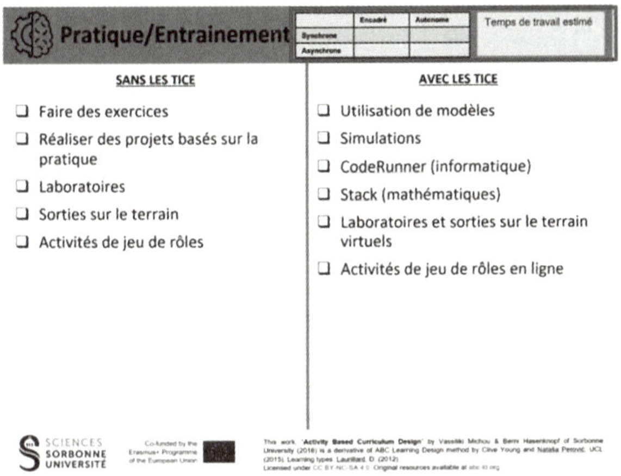

图6–15　索邦大学活动类别卡片

赫尔辛基大学增加了工具的选项（图 6–16）。

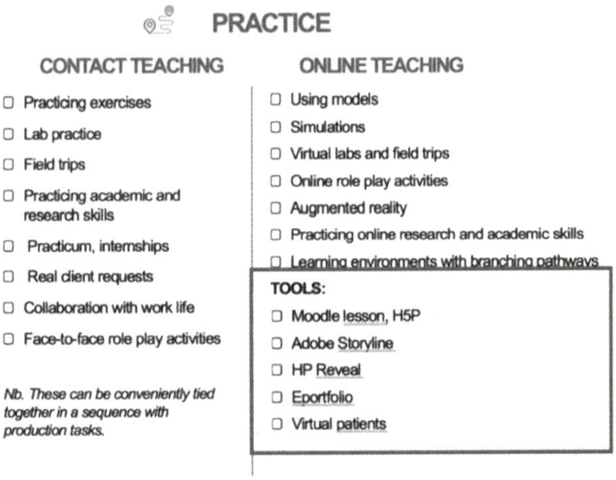

图6–16　赫尔辛基大学活动类别卡片

比利时弗维斯大学对传统栏目与数字栏目进行了整合与优化（图 6–17）。在活动列表中，不再仅限于罗列工具，而是增设了一个选项，以便教师根据需要，灵活决定是否在选定的活动中运用教育技术。此外，该校提供了一个专用的记录区域，供教师详细记录他们计划采用的具体工具以及相应的实施策略（包括工具选择的理由、使用方法以及在活动中的应用策略等）。该设计意在赋予教师更大的自主性和创新空间。此外，教师可以扫描学校网站的二维码，获得与选定活动相关的详尽资料，包括适用于该活动的教育工具及其操作指南的链接。

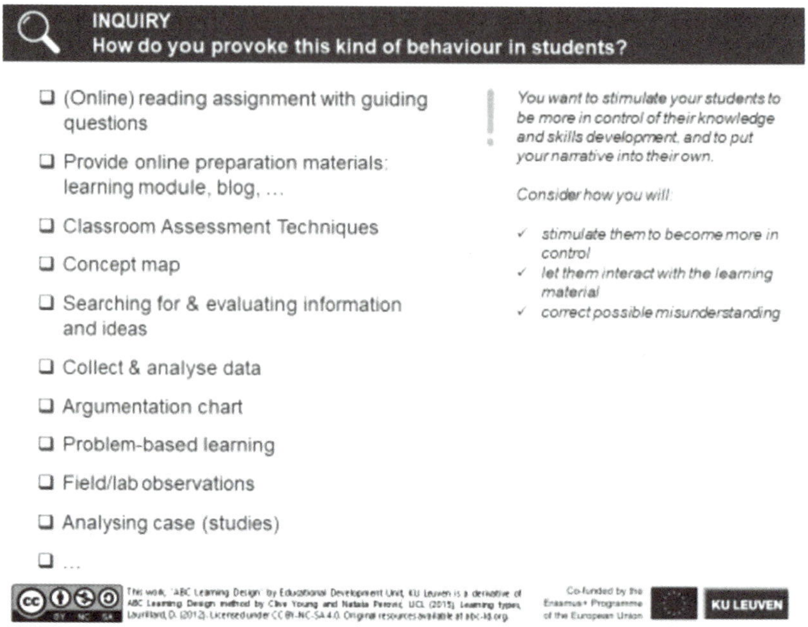

图6–17　弗维斯大学活动类别卡片

6. 对 ABC Learning Design 的思考：从设计教学到设计学习

在当代教育情境下，教师的角色正经历深刻的转变，从传统的“教学设计者”发展为“学习设计者”。这一转变反映了教育理念的深化与重构，也体现了技术进步和学习科学对教育实践的深远影响。本章通过对 ABC Learning Design 及其实施的探讨，揭示了这一转变背后的逻辑与意义：课程设计不再仅是知识的组织，而是学习活动的规划与构建，这种转变体现了以学生为中心的现代教育理念。

与此同时，这一方法推动了从个人独立设计到团队协作的转变。在 ABC Learning Design 的工作坊中，教师团队通过协作式故事板和技术支持工具，共同塑造学习路径与评估策略。这种协作模式不仅提升了课程设计的科学性与创造性，还促进了学科视角与学生体验的深度融合，使教育实践更加契合现实需求。

技术在这一转变中发挥了重要作用，但其使用并非仅为追逐数字化趋势，而是为了服务于学习目标的实现。通过工具轮的动态设计，教师能够掌控技术工具的教育潜力与局限性，确保所有技术使用都以促进学生学习为目的。这种技术观念的变革，将技术的工具性与教育的目标性有机统一，强化了教师在数字化教学环境中的设计能力。

这一转型的核心在于重新定义教师的角色：从知识传授者转变为学习体验的设计者。这不仅要求教师具备系统性思维、教育理论素养与技术理解力，也强调了其对学习科学的应用能力。通过精心设计的学习活动和评估策略，教师可以帮助学生构建自主学习能力、适应未来挑战。

展望未来，这一转变超越了教育技术的创新，将引发教育哲学的变革。在一个充满不确定性和快速变化的时代，学习者的自主性、适应能力和创造力比以往任何时候都更加重要。教师作为学习设计者，通过精心设计的学习体验赋能学生，让他们不仅掌握知识，更能应对未来的挑战。由此，设计学习不仅是教育实践的革新，更是面向未来教育的探索与承诺。

第七章　知识地图——在线资源组织的新形态

在现今知识爆炸的时代，网络学习资源的不断丰富为广大学习者带来了巨大的便利，但同时也带来了新的问题。由于资源的种类繁多、数量庞大，导致其有效利用率相对较低。碎片化的学习资源不利于学习者形成系统的认知结构，并且随着时间的流逝，这些资源很容易被学习者遗忘。

当前，线性整合是资源组织的主要形式，即按照传统的章节结构来组织学习资源。然而，研究显示，过度依赖线性方式整合学习资源可能增加学生的心理压力，进而降低他们的自我效能感。线性资源组织方式使学生偏向理解单个知识点，而无法全面把握知识点之间的内在联系，进而影响他们建立完整的知识逻辑体系。

知识的本质在于连接，这一观点在建构主义理论中得到了深入阐述。建构主义认为，学习是一个将新信息与原有知识结构相互关联的过程，通过这种关联，形成新的认知模式。知识的建构过程是在原有的认知结构的基础上，通过同化与顺应的方式，不断进行建构与重构。正如音调脱离音程就无法成为音乐一样，知识也需要相互关联、互为背景，形成具有意义的知识结构。这种知识结构不仅有助于学习者更好地理解和掌握知识，还能够促进知识的迁移与应用。

随着科技的持续发展，教学者现在可以利用知识地图这一技术工具，以更直观的方式揭示知识的结构，并实现学习资源的有效整合。美国知名的在线教育平台Knewton，凭借其基于知识地图的个性化学习应用，已取得了引人注目的成果。以亚利桑那州立大学为例，该校采用 Knewton 平台提升学生数学水平，为每位学生提供定制化的指导。经过两个学期的实践，该校的毕业率从 64% 提升至 75%，学生的数学成绩也有显著提升。

Knewton 平台构建的学科知识地图，主要涉及四种关系：包含、评测、指导、先序。包含关系指的是知识点间的内在联系，如“氢化物”中涵盖了“氢”的知识点；评测是对特定知识的评估手段；指导关系则针对某一知识点提供详尽讲解，并链接相关学习资源；而必要条件关系则体现了知识点间的先后顺序，表明只有掌握先导知识点，才能进一步学习后续知识点。

Knewton 平台利用这些关系，将各类学科、学段和知识点及其相关学习资源有机地串联起来，构建了庞大的知识地图。该平台以知识地图为依托，精确判断学生的认知水平，为其提供个性化的学习资源与路径推荐。这种创新性的方法论不仅为教育领域注入了新的活力，更为个性化教育提供了有力的理论与实践支持。

知识地图之所以能够在学科教育中发挥重要作用，主要基于以下几点优势：首先，知识地图具有避免“迷航”的导航功能。在复杂的知识网络中，知识地图既可显示全局结构，也可呈现详细层次，帮助学习者快速定位所需知识点，避免因资源浩瀚而迷失方向。其次，知识地图能够清晰呈现学科知识结构及概念间的逻辑关系。这帮助学习者建构系统的知识框架，理解知识点之间的关联，利于知识迁移与创新。最后，知识地图可打破传统线性学习模式的局限性。它采用节点网络的视觉化结构来组织知识，支持自主探索，激发学习主动性，提供个性化学习路径。

一、如何构建知识地图

知识地图的构建是一个技术与教学双重驱动的过程。从技术层面来看，知识地图的生成需要依托语义分析、关系提取等自然语言处理技术，才能实现对文本中的概念和概念关系的自动识别。随着信息技术的进步，现有的智能课程平台已经初步具备了这些核心技术能力。然而，仅仅依靠技术手段自动生成的知识地图，往往存在知识碎片化和逻辑不顺畅的问题。最核心的教学层面需要教师进行深入的知识提取和组织，以保证知识点之间的逻辑关系清晰，层次分明。教师依托对学科体系和课程设置的深刻理解，才能进行系统性的知识拆分，明确知识点之间的层级、前后递进关系；同时组织知识的内在逻辑，使知识点之间形成关联，知识地图呈现网络化的结构，而非简单线性排列。技术只是生成知识地图的基础和工具，真正的知识体系建构有赖于教师的理解、判断和组织。教师主导课程知识地图的构建，既发挥其教学专业性的优势，又获得技术支持和提升效率，这是当前智能教学环境下知识地图构建的正确思路。创建知识地图的过程可以简要地分为以下三个步骤：

1. 课程知识点划分

在课程知识点的划分方面，并无统一的固定模式。借鉴前人的研究成果，本书建议采用层级分析法进行知识点划分，如图 7–1 所示，基于金字塔结构逐层分解。在高等教育人才培养体系中，知识点的理解与掌握应与本专业的毕业要求紧密对接，确保不偏离人才培养的目标与方向。

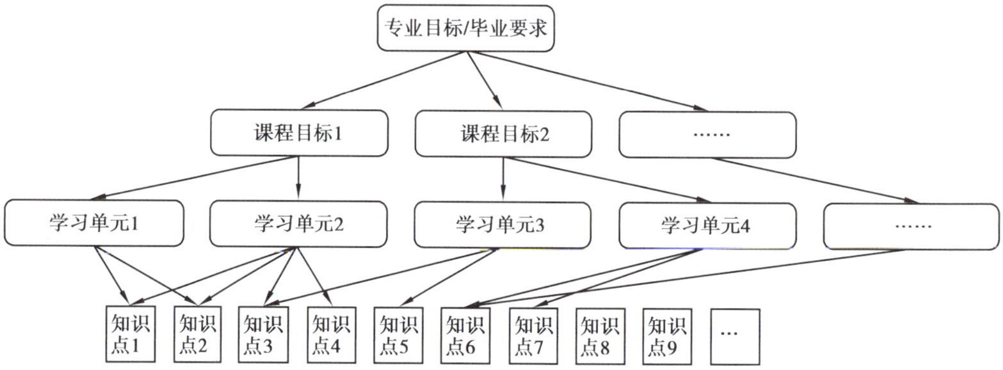

图7–1　知识点划分

在目标层面，专业负责人需结合本校的人才培养定位，制定清晰的专业培养目标和毕业要求。这些毕业要求应体现学生在毕业时应具备的核心能力与素质。在此基础上，课程负责人需进一步将毕业要求细化为详细且可评测的课程目标，并确保这些课程目标与专业培养目标相匹配，从而形成上下联动的目标体系。这种目标导向的体系设计，有助于使课程内容的规划与知识点的划分更加科学、系统，并直接面向毕业要求。

在课程目标设定完成后，课程负责人可开始划分具体的学习单元。在此过程中，可以避免拘泥于传统的章节划分，提倡采用多样化且灵活的内容组织方式，以更好地实现课程目标。例如：

（1）项目导向的内容组织方式：适用于培养学生的项目执行能力。

（2）问题导向的内容组织方式：有助于激发学生主动探究问题的兴趣。

因此，课程内容结构的规划不仅关乎知识点的合理划分，更关系到教学模式的选择。课程负责人需深入思考如何通过科学的内容组织形式，最大化课程目标的达成效果。合理的内容组织与规划，是实现教与学紧密结合的关键，也是提升教学质量的重要基础。

在完成课程学习单元的预设后，课程负责人可进一步开展知识点划分的相关工作。知识点是课程内容中最基本且最小的学习单元，其划分应遵循最小粒度原则，尽可能将知识点细化至最小单元。小粒度的知识点设计应注重复用性和关联性，以便学习者能够在碎片化的学习时间中高效获取实用且系统化的知识内容。

在具体划分过程中，知识点的内容应做到完整性与非重复性。若某些知识点分布于不同的学习单元，可通过构建知识点清单进行全面梳理，消除重复部分，确保知识点的唯一性和系统性。同时，知识点的划分需要根据实际教学需求进行动态调整与持续优化，以不断完善其设计与应用效果。

知识点划分的优化应与教学实践紧密结合。在实践中，教师可将理论知识点应用于具体场景，以验证其正确性，并发现理论与实际应用之间的差距。这种差距为优化知识点设置提供了依据，使其更贴近实践需求。此外，实践的反馈还能够揭示现有知识结构中的空白区域，推动教师补充遗漏的内容，完善知识体系。

通过理论与实践的循环验证与迭代优化，知识点划分方案可以不断发展，最终形成既符合知识系统化要求，又满足实践应用需求的知识网络。这种优化过程不仅提升了课程内容的科学性和实用性，还确保了教学的有效性，为培养具有实践能力的高质量人才奠定了基础。

2. 知识关联性分析

知识关联性分析是构建知识地图的关键步骤。在此过程中，教师对知识点的关联性进行梳理、归纳和总结，有助于发掘潜在的知识点和联系，推动知识创新。此外，知识点关联的可视化设计在教学过程中具有重大价值，它能引导学生从多维度、多视角理解知识，构建清晰的知识体系，并迅速建立新旧知识间的联系。通过可视化设计，学生能有效实现“概念转换”，顺利完成知识重构，从而精准把握学习迁移的方向，促进他们对知识的深度理解和应用。

知识关联性分析是指通过研究和揭示知识点之间的内在联系，识别其可感知和可发现的关系，为知识的组织与学习提供指导依据。从理论上看，这些关系可以分为多种类型，包括先验与后继关系、平行关系、隶属关系、层级关系等常见的类型。值得注意的是，若知识点之间的关联性较低，知识地图就难以发挥导航和支持学习的作用，因为学习者无法清晰地感知知识点的脉络和逻辑进程。相反，若知识点之间的关联性过高，尤其是包含过多复杂的层级关系，则可能会显著增加学习者的认知负荷。这种过载效应会导致学习者的学习效率下降，甚至可能产生认知障碍，削弱知识地图作为学习工具的价值。因此，在知识地图的设计过程中，需权衡关联性设计的深度与广度，避免引入过多冗余和复杂的层级关系，以保持知识的清晰性和可操作性。以下对这几种关系进行详细阐述，并结合教学中的具体案例加以说明。

先验与后继关系。先验与后继关系反映了知识点之间的逻辑依赖性，是知识结构中“从基础到深入”的递进顺序。例如，在大学微积分课程中，学习函数的定义、性质（如定义域、值域、单调性）是理解导数概念的前提，而导数的学习又为后续研究函数极值与最值奠定了基础。只有掌握了函数的定义域与值域，才能理解导数的几何意义；只有明确了导数的临界点概念，才能顺利求解极值问题。这样的递进式设计，有助于学习者逐步建构完整的知识体系，避免在后续学习中遇到“知识断层”。

平行关系。平行关系指知识点处于同一层级，彼此独立但相互联系。例如，在大学物理课程中，牛顿力学三大定律（惯性定律、加速度与力的关系、作用力与反作用力）属于平行关系。它们分别独立描述不同的物理现象，但在解决实际问题时往往需要结合使用。

隶属关系。隶属关系体现了知识点之间的归属和类别划分，通常用于表示某个知识点是更大知识体系中的一部分。例如，在大学生物学课程中，“细胞学”属于“生物学”的分支，而“细胞膜的结构与功能”则是细胞学下的具体知识点。进一步细化，“细胞膜上的受体蛋白”属于“细胞膜的功能”的具体内容。这种隶属关系有助于学生快速定位某个知识点在整个学科体系中的位置，并理解其作用与意义。

层级关系。层级关系是指将某一知识内容细化为不同层次的组成部分，形成由整体到部分、从抽象到具体的结构。这种关系通过分解复杂任务或主题，帮助学习者逐步深入理解相关概念体系。例如，在大学计算机科学课程中，“实现排序算法”这一任务可分解为：顶层掌握排序算法设计与实现；进一步了解排序算法的分类；然后学习具体算法（如归并排序的分治思想、快速排序的分区策略、堆排序的堆结构操作），并最终分析算法的时间与空间复杂度。同样，在生物学课程的“光合作用”主题中，可以分解为光反应和暗反应两个阶段，进一步细化每个阶段的关键机制与参与分子。通过层级关系的设计，复杂知识被逐层拆解为逻辑清晰、易于学习的内容，使学习者从宏观掌握整体概念到微观理解具体细节，从而降低学习难度，提升知识内化与应用的效果。

层级关系与隶属关系在知识组织中各有侧重，二者的区别主要体现在逻辑性质、结构形式和应用场景上。层级关系强调对某一知识内容的纵向分解，是从整体到部分、从宏观到微观的逐步细化过程。而隶属关系更注重知识点之间的归属与类别划分，表示某个知识点是更大知识体系的一部分，通常体现分类属性。在实际应用中，层级关系适用于分解复杂任务或主题，帮助学习者从宏观到微观逐步掌握知识体系；而隶属关系则为学习者提供清晰的知识分类体系，明确知识点在整体框架中的归属与位置，适用于构建学科的系统框架，二者相辅相成，共同构建完整的认知网络。

3. 资源整合

在完成课程知识点的划分与知识关联性分析后，下一步的关键是为各知识点匹配并整合适配的教学资源。知识地图的设计不仅仅是对知识结构的梳理与呈现，其实际教学成效更取决于教师能否将多样化的教学资源有机融入知识点的学习过程中。

在探讨如何有效整合资源之前，让教学者先站在学生的视角审视学习体验，这不仅能够带来深刻的反思，更能为知识地图的优化设计提供重要启示。

首先，丰富的资源能否直接促进学生高效学习？答案是否定的。即使资源充足，但如果学生缺乏足够的学习动机，或者在面对海量信息时感到迷失和无所适从，他们可能会陷入停滞甚至放弃。没有明确的学习目标和成果导向，过多的信息不但无法促进学习，反而会成为学生的额外的认知负担。这表明，真正有效的学习需要以清晰的目标为牵引，并通过激发学习动机为驱动力，使学生能够专注于关键内容，主动探索和内化知识。

其次，观看视频等被动学习是否能够帮助学生牢固地掌握知识？这是不一定的。被动接收信息虽然是知识获取的一种方式，但难以确保深度理解与持久记忆。知识的真正掌握需要借助有意义的学习活动，例如讨论、练习、反思与实际应用等。这些活动能够促使学生积极参与，将外在的知识转化为内在的认知结构，最终融入个人的思维框架。参与式学习强调过程的深度投入，是巩固知识、提升理解力的关键途径。

再次，完成所有学习资源是否意味着全面掌握课程内容？这也是不一定的。有效教学需要科学、针对性的评测手段来验证学生的学习效果。通过评测与反馈，学生可以识别自己的薄弱环节，并制定有针对性的改进策略。评测不仅是学习成果的验证工具，更是促进学习过程反思与调整的重要环节。

最后，教学者如何看待学生面临学习过程中的挑战？在学习中，复杂概念的理解障碍、难解习题的思考瓶颈等困难是常态，甚至是深度学习的标志。这些挑战并非阻碍，反而是提升能力的重要契机。教学者帮助学生关注这些“学习警示灯”，标记关键节点，并引导他们分析和解决问题，不仅能帮助他们克服当前困境，还能培养元认知能力，为未来的学习提供宝贵经验。

因此，知识地图的构建不仅仅是知识传递的工具，更是为学生打造理解、实践与反思的多维学习空间的重要框架。通过知识地图，学生能够在明确的学习路径中获得指导，同时在独立思考和持续反馈的过程中主动建构属于自己的知识体系，从被动接收者转变为自主学习的探索者和主人。这种以学生为中心的学习设计理念，与成果导向教育（Outcome-Based Education，OBE）的核心思想高度契合。

OBE 倡导以学生为中心的学习模式，重视学生在学习过程中实现的具体成果与能力提升。这一理念既明确了教育目标，提升了教学过程的有效性，又倡导了教育资源的整合与优化利用。首先，OBE 强调明确学习成果，有利于学校将课程与人才培养目标紧密结合，形成完整的课程体系。其次，OBE 倡导多样化的教学模式，鼓励教师根据课程目标和学生需求选择恰当的教学方法，优化学习体验。此外，OBE 强调持续性评价的重要性，提倡采用多元化的考核方式，以客观地反映学习进度，并助力学生积极参与自我监控与调整。OBE 理念为课程知识地图的设计提供了全新的思路，推动教育生态以学生学习为中心进行重塑。明确学习成果、丰富教学方法以及完善评价机制，有助于构建以学生发展为核心的课程体系，实现教育资源向学习者需求的实质性转变。

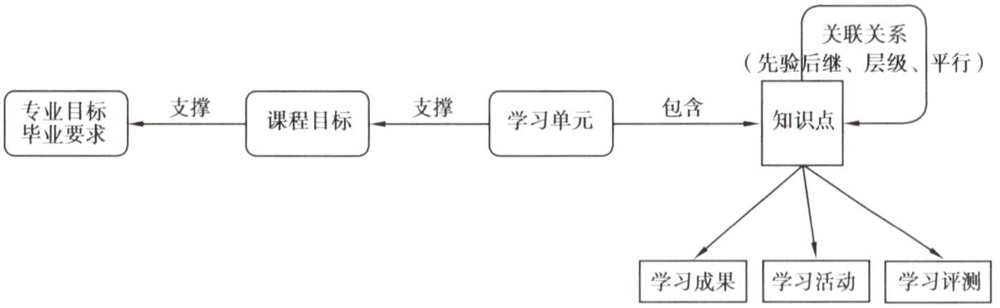

图7-2　基于知识点资源整合

如图 7-2 所示，基于 OBE 的思想，学习成果、学习活动和学习评测共同构成了学生对具体知识点习得与掌握的三个关键要素，它们协同共生、相互依赖、相互促进，共同推动形成闭环，实现课程目标和课程建设的内在统一。学习成果指向学生所需达到的知识、技能和能力水平，是学习活动的目标和核心驱动力。学习活动则是为了实现学习成果而设计的一系列教学任务和实践活动，包括视频学习、讨论、实验、项目设计等形式。学习评测作为学习过程中的反馈机制，旨在评估学生对知识的掌握程度和能力发展情况，为教学提供有效的指导和调整方向。

这三个要素既可围绕具体的知识点展开微观设计，也可从学习单元的角度进行宏观统筹。在知识点层面，教师需依据预定的学习成果精确设计针对性的学习活动，通过这些活动促进学生对核心知识和关键技能的掌握。同时，评测环节应紧扣学习成果，全面评估学生对知识的理解深度与技能的应用能力，确保学习成果的有效达成。

在学习单元层面，教师则需要从全局出发，统筹考虑单元的整体目标，设计一条系统化的学习路径。该路径不仅应在内容上层层递进，还应通过多样化的学习活动促进学生的主动参与和深度思考。同时，评测环节应贯穿学习单元的始终，其作为学习过程中的反馈机制，为学生提供持续的认知提升和自我修正的机会，并为教师优化教学策略提供数据支持。通过这种宏观统筹，学生在每个学习单元中能够系统地掌握知识点，并达到预期的学习成果。

本章小结

知识地图作为一种在线资源组织的新形态，不仅是数字化时代知识管理的工具，更是一种揭示知识本质、引领智慧探索的创新方式。在其构建过程中，教学者见证了知识从碎片化走向体系化，从信息孤岛转变为意义网络的深刻蜕变。

通过知识点的精细划分，教学者将复杂的知识体系化繁为简，使学习者能够精准定位核心概念；通过知识关联性的深度分析，教学者揭示了知识间隐藏的脉络与逻辑，为学习者的深层次理解奠定了基础；而资源整合则提供了丰富的实践素材和多元的认知视角，构建了知识的流动与共享生态，为学习者打造了全景化的学习场域。

知识地图的构建不仅体现了技术的革新，更彰显了理念的进步。它强调以人为本的知识设计，注重将学习者的需求与知识结构有机融合；它超越了传统静态知识的呈现方式，为学习者开启了一场动态的智慧发现之旅。

知识从来不是孤立的点，而是交织的网络。构建知识地图的核心价值在于，通过可视化的方式呈现这种交互与生长，使每一次探索都成为智慧延展的契机。

在信息泛滥的时代，真正重要的不是数据的数量，而是结构化的洞察力，教师作为知识的引导者和架构师，应该帮助学生在复杂的信息中找到方向、建立联系，最终实现深度学习与自主成长——这正是新时代教育者不可替代的核心价值所在！

第八章　数字教育的多重悖论——在技术与人文之间重寻教育本质

在当代教育实践中，网络化学习的推广往往被视为一种解放性的教育变革，其理念基于技术的普及能够消除传统教育中的壁垒，赋权给更多学生。然而，这看似充满民主和包容性的改革背后，却隐含着复杂的矛盾与挑战，甚至可能加剧教育内部和外部的不平等。

首先，网络化学习承载着一种根植于现代社会的理念。这一理念推崇效率、竞争和技术优先，忽视了不同文化、性别和社会背景在教育体验中的差异。这种思维模式在全球范围内的传播，使得教育技术的普及并未真正消除不平等，反而以一种隐蔽的方式巩固了现有的权力结构。尽管网络化学习常被宣传为民主化的工具，其背后却可能存在着隐性压迫，这种压迫可能无意间体现在教学设计、评估方式以及技术标准的制定中。

教学中许多不可通过电子方式传递的信号——如面对面互动中的微妙情感、沉默中的张力以及非语言符号的深层意义——在网络环境中被简化甚至完全丧失。学生通过屏幕接受教育的过程，也是在一种去人性化的空间中学习。教师难以捕捉那些复杂的、即时的情感反馈，学生也逐渐被嵌入一种缺乏深度对话的教育模式。

更进一步，网络化学习所构建的“中立连接”神话掩盖了一种新的压迫形式。在这种环境下，教育似乎摆脱了地理、社会和文化的限制，进入了一个理想化的平等空间，但实际情况却是，技术的中介性和规则设定往往忽略了弱势群体的需求，甚至强化了原有的社会性隔阂。例如，慕课的实践就显示，新媒体技术一方面使教育变得更加普及，另一方面却导致某些群体因技术门槛或文化不适而被进一步边缘化。

这背后的核心问题在于技术和教育理念之间的矛盾。技术确实可以成为实现教育民主理想的重要手段，但如果没有对其潜在问题进行反思，这种技术应用反而会阻碍教育的民主化进程。教育的真正民主理想，不仅在于为学生提供知识获取的机会，更在于建立平等、多样、具有深度对话的学习环境。而这恰恰是当下许多网络化学习模式所缺失的维度。

因此，教学者需要重新审视网络化学习的内在逻辑。教育技术的设计和实施必须超越工具化思维，不仅关注效率和规模，更关注个体的独特需求和多样化的教育体验。教师和教育机构需要保持对权力结构的敏感，反思在数字环境中如何重新定义教育的核心目标和价值观。只有将技术融入更具包容性和人文关怀的教育生态中，数字化学习才能真正实现其解放和民主的承诺，而非成为不平等的新隐性载体。

一、教育的两难抉择：数字化灵活性与深度思考的消隐

尽管网络化学习工具常被宣传为促进学生和教师之间实时互动的利器，但正是这种互动方式所带来的便利，通过语言和表达形式的不断演变，使得所有“游戏”时间越来越多地转变为生产时间（或称“工作”时间）。

在这个数字化时代，传统的学习和工作界限正在模糊。网络化学习工具，如在线课堂、即时通信软件和协作平台，使得教学互动更加即时和便捷。然而，这种便利性也带来了一个深层次的问题：学习和工作的时间边界逐渐消失。以前被认为是“闲暇”或“娱乐”的时间，如玩游戏或社交网络的时间，现在越来越多地被用于学习和工作。

这种转变不仅仅是时间的重新分配，更是一种文化和价值观的变迁。在现代社会，效率和生产力被赋予较高的地位。人们被鼓励在任何可用的时间段内进行学习和工作，以追求更高的成就和竞争优势。语言和表达的过度衍生，如使用“刷课”“打卡”等新词汇，反映出这种文化变迁的深层次影响。

这种现象揭示了现代社会对时间和效率的极端追求。它不仅改变了人们的生活方式，也在无形中塑造了人们的价值观。在这种背景下，教学者需要反思：灵活性和便

利性是否真的带来了更多的幸福和满足？还是说，在追求效率的过程中，人们失去了一些更为宝贵的东西，比如休闲、娱乐和人与人之间的真实互动？

在当代教育生态系统中，教师的角色正经历着前所未有的复杂性转型。传统教学场域的边界已然被数字技术彻底重构，师生不再仅仅局限于教室内的面对面互动，而是被嵌入了一个全方位、多维度的沟通网络。课堂教学已不再是单一的时空场景，它已扩展到虚拟论坛、即时通信平台和电子邮件等多元空间。

这种持续在线的教育模式对教师和学生而言，都构成了深刻的存在性挑战。对教师来说，其工作边界被彻底瓦解：敲门声不再是教学互动的唯一信号，源源不断的电子消息、在线讨论和虚拟咨询构成了一种近乎无间断的专业张力。教师必须在物理空间和数字空间之间不断切换，这种持续的角色转换本身就是一种巨大的心理负荷。

更为关键的是学生的处境。数字化要求他们同时在线下和线上保持高度的参与度和表达能力。学生需要在口头交流和数字写作之间不断转换，通过文字、图像、视频等多元符号系统进行持续性表达。这种多重参与方式虽然丰富了他们的学习体验，但也不可避免地增加了他们的压力。他们需要在有限的时间内，同时应对大量的学习任务和互动要求。

这种压力的增加，使学生难有更多的时间静谧地思考某个问题。深度思考和反思是学习和成长的重要部分，它们需要时间和安静的环境。然而，在当前这种快节奏、多任务的学习环境中，学生往往难以找到这样的时间和空间。

因此，在数字技术飞速发展的背景下，值得深思的是，教学者在追求更多的互动和参与的同时，是否忽视了深度思考和反省的重要性？教育的本质不仅在于知识的传授，更在于培养学生的独立思考能力和批判性思维。这需要一种平衡，既要鼓励学生积极参与，又要给予他们足够的时间和空间进行深度思考。

二、教育的数字囚笼：量化治理下的本质迷失与人性重思

在当代数字教育生态系统中，网络学习平台正逐步将教育实践转化为一种近乎精密的数据监控机制。这一系统通过对学生行为的量化指标进行全方位、实时的捕捉和

评估，构建了一个前所未有的“数字囚笼”。这种量化系统主要聚焦于以下维度：发帖数量的统计；系统登录时长的精确追踪；作业提交的时间戳；资源上传的频率和数量。这种看似中立的数据采集实则隐藏着深层的逻辑。通过将学生的学习行为转化为可量化、可比较的数据指标，教育系统正悄然实现从质性评价向量化管理的转向。

这一转变背后体现了一种更为深刻的制度性理性：将教育转化为可测量的行为产出，用数据指标替代教育的本质价值。“重量轻质”已不仅仅是一种管理修辞，更成为当代大学治理的核心范式。教育被异化为一种近乎工业化的生产过程，学生被还原为可被追踪和评估的数据节点。

这种数据治理模式的关键问题在于其内在的去人性化逻辑。它试图将复杂的学习过程简化为可量化的行为指标，忽视了教育中难以测量的深层维度：创造力、批判性思维、情感体验和精神成长。数据成为一种新的载体，它以看似客观中立的方式重构了教育的根本内涵。

更为深刻的是，这种量化系统通过看似中立的数据监测，在潜移默化中培养了一种自我规训的主体性。学生不再仅仅是被动的监测对象，更成为内化监测逻辑的积极参与者。他们开始根据数据指标调整自身行为，主动适应这一量化系统的要求。

这一转变揭示了一个更为根本的趋势：人的价值越来越被简化为可测量、可交换的数据。教育偏离了启蒙和解放的实践，逐渐转为一种精密的行为管理和数据生产机制。

因此，教学者必须对评价性监督文化可能带来的深远影响进行深入反思。尽管可量化数据提供了便捷的工具，使教学者能够在广度上更全面地了解学生的学习情况，但这种数据化视角却也不可避免地存在局限性。它容易导致教育实践过于注重外显的行为指标，而忽视了学习过程中的隐性要素和质性价值。

教育的目标不仅仅是提高学生在评估中表现出的量化成绩，更在于引导他们深入理解知识的内在意义，发展独立思考的能力，培养批判性反思的意识。这些能力无法简单地通过数据呈现出来，却是学生成长为具有创造力和社会责任感个体的关键所在。

在这一过程中，教学者需要在数据驱动的教学模式与学生的深度学习体验之间找到平衡。教育不仅是一种技术性行为，更是一种深刻的文化实践和人性探索。教学者应在数据分析的同时，关注学生的认知投入、情感体验以及思想成长。这种平衡需要教学者在教学设计和评价过程中保持高度的伦理意识和反思能力。

真正的教育改革不应仅局限于评价指标的优化，而应着眼于教育理念的转型。教学者需要创造更具包容性和启发性的学习环境，让学生不仅能通过量化标准证明自己的能力，更能通过深刻的思考、创造性的表达以及复杂问题的解决展现自己的潜力。只有这样，教学者才能真正实现教育的根本目标，培养出能够在快速变化的世界中独立思考、积极参与并推动社会进步的新时代公民。

三、数字时代的教育哲学：在技术与人文之间寻找平衡

在数字化教育的当代语境中，教师将部分教学和评估责任转移给数字技术，这一看似中性的选择，实则触及了教育实践的核心——教育的本体论意义。这不仅仅是一个技术选择，更是一个关乎人际互动、知识传递和教育本质的深刻哲学命题。

身体性互动在教育场域中具有不可替代的本体论意义。面对面的教学空间是一个多维度的符号场域，远非文字和图像可以完全还原的简单信息传递系统。教师通过身体语言所展现的微妙交流维度，构成了教育实践中最为深层的意义生成机制：

- 非语言符号的复杂性
- 沉默的张力
- 微笑的温度
- 皱眉的张力
- 身体姿势的微妙变化
- 神经抽搐的潜在意义

这些看似细微的身体信号，实际上是一种极其复杂的交流方式。它们超越了语言的线性逻辑，提供了一种多维度、即时性的交流深度。教师敏锐地捕捉这些信号，不仅仅是一种技术，更是一种高度复杂的社会性感知能力。

更为关键的是，这种身体的互动揭示了教育的本质——教育不仅是知识的传递，更是一种深层次的体验。在平等的课堂氛围中，身体成为意义协商的重要场域。通过

身体语言，教师能够即时感知学生的情感状态，捕捉他们思考的微妙瞬间，发现潜藏的学习张力，并创造师生间对话的可能性。

将这一复杂的互动机制简单地转移给数字化工具，实质上是对教育本体论的一种还原主义切割。数字平台固然可以传递信息，但它们无法复制这种深层的身体性张力和即时性感知。

更为深刻的是，这种技术转移还涉及更深的层次。不同性别、种族背景的学生在非语言交流中的微妙差异，往往构成了教育实践中最为敏感的维度。数字化工具以其看似中立的算法逻辑，实则可能强化既有的社会性偏见和认知边界。

换言之，将教学责任简单地外包给技术系统，不仅切断了教育的身体性张力，更在根本上消解了教育作为一种深层社会性实践的本质。教育的意义恰恰在于那些紧张、不确定、充满可能性的瞬间——而这些恰恰是数字化系统最难以捕捉的维度。

在数字技术迅速重构教育生态的当代语境中，教育工作者面临的不仅仅是技术选择，更是一种根本性的范式转型。教学者需要超越简单的技术工具主义逻辑，重新思考技术、人际互动与教育本质之间的辩证关系。

这种平衡并非简单的技术折中，而是一种更深层次的教育哲学重构。在这一重构中，技术的角色必须被重新审视。数字技术应被视为增强教育实践的中介，而非替代人际互动的机械系统。技术的真正价值在于扩展教育的人文维度，为师生之间创造更加丰富和多样的交流可能性，而不是消解教育的情感和文化内涵。

真正的教育互动是一个动态且多维度的过程，它远超信息的单向传递。这种互动的核心在于情感的共鸣、意义的协商和主体间性的生成。更重要的是，这一过程还能激发学生的批判性思维，促使他们通过深刻的反思和对话建立对知识的更深理解。只有在这种多层次的互动中，教育才能展现出其独特的生命力和创造力。

教育的本质并不仅限于知识的传递，更在于培养能够在复杂社会环境中独立成长的主体。这些主体应具备独立思考的能力、批判性反思的意识、复杂的人际交往技能以及跨文化理解的敏感性。通过这种教育哲学的重构，教学者不仅关注学生的知识获取，更重视他们作为社会成员在全球化背景下的全面发展和价值实现。

这种平衡要求教学者在技术应用中保持高度的反思性和伦理性。教师的角色因此也发生了深刻转变，其不再是单一的知识传递者，而是学习生态系统的有机协调者。在这一生态中，技术的作用尤为重要，但它应当被视为放大教育张力的催化剂，而非压缩教育丰富性的机械装置。

构建一种“技术 - 人文”辩证生态是实现这种平衡的关键。教学者需要充分利用技术所带来的效率优势，同时保留教育中不可替代的人际互动深度。只有尊重每个学生作为学习主体的独特性，激发他们的创造性思维，才能真正实现技术与教育人文价值的融合。

通过这种辩证的教育生态，技术不仅服务于知识的高效传播，更成为引导学生批判性思考、创造性表达和多样化发展的桥梁。这样，教育才能在数字时代保持其内在的灵魂与生命力。

最终，教育的终极目标是培养能够在复杂多变的世界中保持独立思考、富有同情心和创造性的个体。技术应当是实现这一目标的支持性力量，而非成为桎梏。

第三部分
未来已来——生成式人工智能的教学实践

2022年11月末的一个清晨，当铺天盖地的报道如潮水般涌来，技术的巨轮已悄无声息地向前推进了数年。数周之后，人们方才意识到，随着ChatGPT的横空出世，现实世界的各个领域都可能会经历一场前所未有的变革。

ChatGPT的最大价值在于，它不仅是一个强大的信息工具，更是一座连接人类智慧与人工智能创造力的桥梁。它能够以快速、高效的方式处理和生成复杂的信息，同时为用户提供有深度、有见地的回答，从而在一定程度上扩展人类的认知边界。然而，这一价值的实现，并非仅仅在于其能够准确回答问题，而在于其能激发人类反思——反思知识的本质、思维的过程以及技术对社会的深刻影响。

这一切离不开AIGC（Artificial Intelligence Generated Content，人工智能生成内容）的核心技术。AIGC指的是通过人工智能技术自动生成各种形式的内容，包括但不限于文字、图像、视频和代码。这一技术的出现和普及，不仅大幅提升了内容生产的效率，还改变了内容创造的范式，使创意的生成、传播和消费进入一个全新的时代。

对于教育领域而言，这种技术驱动的变革并非仅仅意味着效率的提升或形式的创新，更是一场对教育理念和实践的深度考验。AIGC所带来的不仅是工具的革新，还有教育生态的整体重构。从学习内容的生成到教学模式的转变，再到教育公平的重新定义，人工智能正在不断挑战传统教育的边界。如何在这一巨变中平衡技术应用与人文关怀，如何确保教育的灵魂在高度智能化的环境中延续，成为教育工作者和技术开发者需要共同面对的核心问题。这种深刻的反思与实践调整，也为教育领域开启了全新的可能性。

当下的教学者正站在一个以创新为驱动、以智能为核心的教学新纪元的门槛上，见证着一个教学模式深度重构的时代。未来的教育，将是一个真正开放、灵活、自主的体系，让每个学习者都有机会找到属于自己的知识路径。这不仅仅是一场技术进步带来的革命，更是一种教育精神的复兴。

第九章　AIGC 赋能教育——应用场景初探

在通常情况下，技术迭代与实际应用之间存在相互促进的关系。然而，AIGC 所带来的技术飞跃，将如何融入学生和教师的体验中？这项技术在教育领域的潜在应用场景，已经受到了初创公司、研究人员以及部分学生和教师的深度关注与思考。本书将对这些应用场景进行分类汇总，并尝试预测那些可能存在但尚未被探索的场景，描绘出足够丰富的应用场景，以呈现生成式人工智能技术在教育领域应用的全景图，为后续的教育改革提供参考。当然，鉴于 AIGC 尚处发展阶段，本书的总结和预测可能存在不足之处，需要随着技术和应用的演进不断修正和完善。

场景 1：教案生成

雷老师是一位充满活力的英语教师，经年累月的教学实践使她深刻理解到，提升学生的写作能力至关重要。因此，她长期以来致力于寻求将写作训练融入课程的最佳方式。然而，在传统的教学课程中，关于写作的训练部分往往显得孤立且不够充实。为了给学生创造更多锤炼写作技能的机会，雷老师毅然决定对传统的教学模式进行改变。

当雷老师面临教学设计的难题时，她注意到了一款新的人工智能工具 Nolej。这款工具基于教师需求，以现行教学大纲为蓝本，能够自动生成融入写作活动的新教案。经过适当的运用，雷老师将现有课程框架输入后，AI 工具迅速生成了一份全新的教学设计方案。

新方案在维持原教学大纲的知识内容与学科范畴的同时，对教学流程及活动安排进行了创新优化：“于某在单元学习完成后，引入了一段为期30分钟的小组写作练习，旨在通过团队协作的方式，深化学生对该单元知识点的理解与应用。”此外，在探讨某一特定话题之前，特别设计了一个15分钟的“角色扮演”互动环节。学生将有机会暂时置身于相关人物的情境中，通过亲身体验，更全面地把握人物的特点与情感，进而为后续的写作活动奠定更为坚实的基础。

经过AI工具的初步设计后，雷老师意识到仍需人工对教学设计方案进行深入优化。她严谨而细致地审视了新方案中AI生成的每个环节，并结合自身多年的教学经验进行了周密的修改和完善。她以确保方案符合实际教学需求为己任，精益求精。最终，一份将写作训练巧妙地融入课程的全新教案在她的手中诞生。

在新学期的伊始，雷老师根据全新的教学方案为学生展开授课。此次的写作训练，不再局限于传统的作业布置形式，而是与各单元的主题紧密相连，呈现出多样化的活动形式。这样的教学方式让学生获得了丰富的实践体验，极大地激发了他们的学习热情。在这样的环境下，学生的写作能力也得到了显著的提升。

在上述场景中，人工智能工具能够依照教师的指示，制定出满足既定教学目标的教学设计方案。然而，为确保所生成的教案能够紧密贴合实际教学场景，教师的进一步指导与优化仍是不可或缺的。比如，教师可以明确指定小组活动的持续时间、课堂讨论的详细安排等具体细则，从而使由AI生成的教学方案更趋近于真实教学需求。

在运用人工智能工具进行课程改编的过程中，一个切实可行的策略是在维持现行教学大纲基本框架的基础上，进行适度的局部优化，而非进行全面的颠覆性改造。此种做法的益处在于，教师可以严格遵循人才培养方案所规定的学科教学范畴与进度安排，同时借助人工智能的智能生成功能，将传统的课堂互动形式转化为更具创意的互动式写作训练或角色扮演活动，从而有效激发学生的学习热情，提升课程的趣味性和实用性。

场景 2：课程资料生成

张教授是医学教育领域的资深专家，他深知医学教育的核心目标不仅是向学生传授医学专业知识，更重要的是培养他们的临床思维能力和实践操作技能。然而，传统的授课方式往往使学生感到沉闷和缺乏兴趣，这在一定程度上影响了教学效果的实现。

为了改善当前的教学状况，张教授计划在某些课堂内引入一种更具吸引力和互动性的教学方法——角色扮演。他打算在课堂上模拟真实的临床环境，让学生分别扮演医生、患者及其家属的角色，并通过角色间的互动来学习和掌握诊断思路、医患沟通技巧等核心技能。通过这种方式，学生将有机会在模拟的情境中实践并应用所学知识，从而提高他们的临床应对能力和沟通技巧。

然而，张教授很快认识到，构建一个既生动又贴切，且环节设置合理的角色扮演场景并非易事。为了实现这一目标，他必须投入大量精力来编写剧本、设计症状表现、安排角色对白等，其工作量远超传统教学方法。正当他为这项艰巨的准备工作感到困扰时，学校的教师教学发展中心向他推荐了一款新兴的人工智能（AI）教学辅助工具。

经过教师的详细设定，此工具能够自动生成包含情节概要、角色剧本、互动环节等全面而详尽的课程资料。张教授迅速投入对该工具的体验中，他依照本学期教学大纲的知识点，在系统中进行了相应的输入，并结合自己的教学构想，如“病例分享时长为 20 分钟”“角色扮演练习时长为 30 分钟”等细节设定，经过短暂的等待，AI 便生成了相关的课程资料。课程以一起典型的急性并发症病例为蓝本，通过剧本形式生动展现，确保角色设定精准到位，病情叙述贴近临床实践。虽然 AI 生成的只是初步方案，但已为张教授减轻了大部分工作负担。在此基础上，他对部分细节做了进一步完善，以确保课程设计合理、贴近临床实际。

在上述场景中，人工智能技术被应用于角色扮演材料的生成，旨在增强学生的学习体验和知识技能的掌握。更进一步，学生可以通过与 AI 系统的互动来模拟真实场景，从而更好地理解相关知识和技能。此外，AI系统本身也可扮演情景中的一个角色，增强了学生与系统之间的互动性，使学习过程更具有生动性和趣味性。

在课程资料生成方面，AI工具潜力巨大、应用前景广阔。AI工具能够根据教师的具体需求，自动生成丰富多样的课程资料，从而大幅减轻教师的工作强度，让更多教师有机会设计富有吸引力的教学形式。本书将通过以下几个例子将这一场景进一步拓展。

（1）课前预习材料。在翻转课堂的教学模式中，设计优质的课前预习材料一直是影响其实施效果的关键环节之一。如今，教师可以利用人工智能技术来辅助课前预习材料的准备。通过基于教学大纲和课程目标的自动化处理，AI能够生成与学生认知水平相匹配的预习材料。这些材料不仅涵盖了概念解析和知识梳理，还融入了丰富的情景案例、交互练习和拓展探究等多样化元素，使预习过程更加生动有趣，有效提升了学生的学习体验和效果。

（2）辩论材料。辩论作为一种富有启发性的教学活动，传统的辩论准备过程往往需要教师和学生进行大量的前期素材搜集和论点整理工作，给双方带来了沉重的工作负担。人工智能技术的介入为优化辩论环节提供了有力支持。针对特定辩题，人工智能系统能够基于庞大的知识库和语料库，快速生成相关的论据素材。这些素材不仅包括客观事实、案例数据等基础信息，更重要的是，人工智能能够从多角度对论点进行分析和论证，为学生生成具有说服力的论据链和反驳论据，为辩论双方提供有价值的启发。

（3）教学案例。案例教学法被公认为一种有效的知识内化方式，传统的案例教学往往存在案例选择的单一性和封闭性，难以引导学生发现知识点之间的内在关联。人工智能驱动的案例生成系统能够基于知识图谱和大数据分析，自动生成不同领域的相关案例素材。这些案例不仅具有一定的典型性和代表性，更重要的是，它们之间存在明确的关联性，涵盖同一知识点的不同应用场景或体现不同知识点之间的关系。这些对比案例不仅来源于真实场景，人工智能系统还能够基于知识本体和规则，生成一些仿真虚拟案例，为学生提供更加丰富、开放的探索空间，启发其批判性思维，提升其创新意识。

（4）个性化阅读材料。设计一套既符合学生阅读水平又满足其兴趣爱好的教学读物，无疑是一项艰巨的任务。传统的方法既耗时，又耗力。而现成的读物又难以与每位学生的需求完全契合。值得庆幸的是，随着人工智能技术的不断发展，如 Koalluh 等先进的 AI 工具为这一难题的解决提供了新的路径。这些 AI 工具能够根据每位学生的个人兴趣和阅读能力，生成与之相匹配的全新文本内容。以一位教授中国古典文学的大学教师为例，他可以利用 Koalluh 等 AI 工具，根据每位学生对中国古典名著人物的偏好，为他们定制一本迷你书。这些书的内容紧密围绕当前所学的古典文学单元，如《红楼梦》《三国演义》《水浒传》等，并配以相应的插图，可以增强阅读的趣味性。这些迷你书不仅包含了关于该人物的故事情节，还巧妙地嵌入了一些与原著相关的理解性问题，旨在检验学生对原著内容的掌握程度。教师可以将这些定制化的作品打印出来，供学生在课堂上与同学分享，甚至带回家与家人一起阅读和讨论。通过这种个性化和互动的学习方式，学生能够更加深入地融入中国古典文学的学习过程中，从而增强对经典作品的理解和热爱。

（5）图形绘制。利用先进的人工智能工具与插件，教师得以创造多元化的视觉教学资源，为学习过程带来新的活力。例如，Show Me 这款 AI 插件，凭借其出色的绘图能力，协助教师为学生生成多样化的图形，以直观且条理清晰的图形展示复杂的概念与知识点，进而促进学生对知识的深入理解和记忆。这些图形不仅限于静态图像，还可以设计为部分填充的形式，留出空白区域供学生依据已学内容自主填写与补充，有效激发学生的主动思考与知识建构过程。此外，Show Me 等 AI 工具还能生成如流程图、示意图、概念图等多种教学所需图像资源，为单调的文字内容增添生动形象的视觉元素，显著提升学生的学习兴趣与参与度。

（6）词汇表或术语表。如 TextCrawler、Linguisticator 等 AI 工具现已能够从丰富多样的教学资源（例如课本、讲义以及视频等多媒体材料）中自动识别出关键术语，并据此快速生成一份与学生阅读水平相匹配的词汇表或术语表。这份词汇表不仅可以为每项术语提供清晰明确的定义，还能够追溯词源，揭示词汇的起源和语义演变过程，并通过生动具体的示例用法，帮助学生深化对词汇内涵的理解。此外，此类 AI 工具还可以结合先进的动画图像生成技术，为每个词汇示例配备相应的动画演示。其通过图文并茂的呈现方式，使得原本抽象的文字内容变得直观生动，大大提升学生的视觉体验和记忆效果。此类工具极大地提高了学习资源创建的效率和便捷性，为教师和学习者带来了前所未有的便利。

（7）学习卡片。学习卡片是一种基于间隔重复原理的学习工具，其有效性得到了广泛认可。因为它们能够以结构化和有组织的方式呈现信息，学生通过使用它们进行反复练习和复习，加强对知识点的记忆和理解。传统的学习卡片在制作和管理上往往耗时耗力。而借助 AI 技术，教学者可以自动从各种教学资源（如课本、讲义、视频等）中提取知识点，并生成相应的学习卡片。现代学习卡片应用程序，如 Quizlet、Anki，已经开始整合 AI 技术来自动化生成学习卡片。这些工具利用 AI 算法分析学生的学习行为和记忆模式，从而为其提供个性化的学习体验。通过基于间隔重复（Spaced Repetition）的学习法，这些应用程序帮助学生在最佳时机回顾学习材料，以提高长期记忆的效率。此外，学生可以主动标记他们在学习过程中遇到的不熟悉术语，并将这些术语添加到他们的个人间隔重复记忆卡片库中。这种结合 AI 技术的教育方法被认为是一种有效的教学策略，它能够根据认知心理学原理，如工作记忆和长期记忆的相互作用，来优化学习过程。通过智能分析学生的学习数据，AI 辅助的学习卡片系统能够为每个学生定制独特的学习计划，从而最大化学习成果。

总的来说，AI 驱动的资源生成展现出了巨大的应用潜力，并将在教育资源建设中扮演至关重要的角色。这一技术的运用，将使教师能够显著减轻资源准备工作的压力。更为重要的是，它将助力教师创造出更为丰富多样、个性化以及智能化的教学资源，从而为实施因材施教的教学策略和优化教学过程提供强有力的支持。

场景 3：知识解释

张老师是一位拥有多年教学经验的大学教师。通过长期的教学实践，他深刻认识到部分学生由于学习基础相对薄弱，其在理解和掌握深奥的专业知识时，面临较大的困难。张老师决定站在学生的角度，积极寻求解决方案，以帮助他们克服知识吸收上的障碍。在这个过程中，张老师得知了一种新兴的人工智能教学辅助工具 DiffIt。该工具能够根据教师的需求，将现有的教材内容转化为更易于学生理解的形式，并生成相应的习题以检验学生的学习效果。

张老师果断使用此工具，首先将原教材的某章节内容输入AI系统，并选中“适合本科低年级学生水平”的选项。AI系统随即为他生成了新版章节内容，其中知识点的表述更加简洁明了，并辅以生动实例进行阐释，显著提高了可读性。

通过使用这份“学生加注版”教材，张老师在后续的课堂教学中，终于摆脱了以往无奈观望的困境。即使是那些基础知识储备相对薄弱的学生，在张老师细致入微的讲解下，也能够逐步理解和掌握知识的核心要点，不再表现出困惑和疏离的神情。

张老师对AI工具为其准备了一批针对所学内容的习题感到尤为满意，这一举措旨在检验学生对所学知识的掌握程度。在第二节课伊始，张老师将这批习题发放给全体学生，并当场进行批改。批改结果令张老师深感欣慰，那些原本学习基础较为薄弱的学生在答题正确率上有了显著提升。这充分表明新版的教材内容对于提升他们的理解能力起到了至关重要的作用，使他们逐步攀登至更高层次的理解水平。

在上述场景中，人工智能为教师提供了一种精准施教、关注个体差异的有效方式。在教学进程中，知识解释是一个最为基础且不可或缺的重要环节，它决定着知识传递的效率和质量。无论是对新概念的阐述、宏观理念的解构，还是对复杂过程运作机制的揭示，以及对历史事件起因的剖析，教师都肩负着将知识清晰、准确地传达给学生的重要职责。传统的“一体适用”的解释方式由于忽视了学习者的个体差异，因而存在明显的局限性。

“个性化解释”的重要性及必要性越来越得到关注。大量的实证研究已充分证实，针对个别学习者量身打造的解释策略，直接触及知识点的核心要义，往往能够取得事半功倍的效果。“个性化解释”的核心原则在于尊重并关注每一位学习者的独特学习特点，并据此为他们提供高度匹配的解释内容和形式。具体而言，“个性化解释”要求教师对学习者的知识储备、认知能力、学习历程及偏好风格进行深入评估与分析。基于这些评估结果，教师应明确解释的重点、难度、广度及深度，并选用适当的阐释方法。

个性化知识解释极具挑战性，传统教学模式与资源分配往往难以满足此类个性化需求，且会加重教师的工作负担。得益于技术的飞速发展，人工智能教学辅助工具的出现正在推动个性化解释在教育实践中的广泛应用。

如 DiffIt 这类工具，可依据教师提供的原始解释资料，自动生成适应不同阅读能力学生的多个版本。当 AI 系统获取到学生的学习数据，如历史评估结果、作业情况等，它能够结合学生的实际知识水平，生成高度个性化的解释内容，从而避免解释因缺乏先验知识而失去针对性。此外，DiffIt 等工具还能结合学生的个人兴趣，运用形象生动的比喻来增强解释的趣味性。例如，利用热门游戏 Minecraft 来解释面积和体积的概念等。

AI 技术在推动学生主动学习及相互解释的过程中也能发挥显著作用。以 Revyze 和 PeerTeach 等工具为例，它们运用 AI 技术，引导学生为同伴创作解释性材料，并通过 AI 审核确保内容准确性。相较于传统教师解释，同龄人创作的内容往往更能贴近学生的思维模式和认知习惯，从而有效增强解释的亲和力及可理解性。这一模式为学生之间的合作学习及知识内化提供了新的可能。

AI 系统还能按照教师的特定需求，创作出别具一格的阐释素材。例如，它可以创作出描绘“DNA-RNA- 蛋白质”相互关系的民谣歌曲，或者以动画短视频的形式解读物理学公式。这些富有创意和新颖性的呈现方式，将学习过程变得更具趣味性和吸引力，进而有效激发学生的学习兴趣和主动性。

当然，个性化解释并非刻意追求表面的花哨与繁复，而是一种具有深厚教育理念支撑的教学策略。它坚定秉持“以学习者为中心”的教育思维，致力于最大限度地满足每一位学生的实际学习需求，确保他们能够获得优质、高效的学习体验。在实施过程中，教师的专业判断与人文关怀始终占据重要地位。AI 辅助生成的解释材料，仅为教师提供参考，而教师则需结合个人的教学经验与学生的实际情况，对解释内容和形式进行细致的审核与把控。只有如此，才能确保“个性化解释”真正与学生的知识基础和学习特点相契合。

场景 4：跟踪学生项目

在一所知名大学商业学院的进阶课程中，一群研二的学生正投身于一项极具考验性的任务。他们受任于一家新兴的初创企业，负责构建一套全面细致的财务模型，旨在为公司未来的战略规划提供坚实的财务依据。

为了保障项目的顺利推进，学校引入了一种前沿的人工智能工具，能实时追踪学生在学习管理系统中所上传的各类资料，如文稿、电子表格和演示文稿等。这款工具不仅能为特定学生提供针对性的指导与建议，还会定期向授课教师发送详尽的综合报告。

这份报告内容充实详尽，涵盖了学生在项目中取得的阶段性成果、各自财务模型中运用的数学建模技术细节，以及需教师重点关注与指导的学生名单。依托这一人工智能工具，教师能够迅速把握全班学生的学习动态，为需求各异的学生提供精准有效的反馈与辅助。

项目导向学习（Project-Based Learning，PBL）是一种极具挑战性的教学策略，其主旨在于让学生通过深度参与复杂且真实的项目活动，培育批判性思维、问题解决以及团队协作等核心能力。然而，在 PBL 课堂中，单个教师需要对每位学生的作品进行细致跟踪与全面评估，以确保其多样性与深度，这无疑是一项极具挑战性的任务。

在 PBL 课程中，学生的作品常常展现出多样性和异质性，包括文字报告、数字化产品和实体模型等多种形式。这就要求教师不仅要深入理解每份作品中所包含的知识与技能点，还要根据预设的评价标准对这些作品进行全面的评估。同时，不同学生在完成特定标准的时间节点上存在差异，使教师难以对整个教学过程进行精确的掌控。这些评估和管理上的挑战，使 PBL 教学模式在传统课堂中的普及程度受到限制。

有鉴于此，人工智能技术的介入为 PBL 教学提供了有力的支撑。智能分析系统具备自动识别和分类学生作品中涉及的知识点的能力，并能将其与预设的评价标准进行有效匹配。此外，该系统还能够实时追踪每位学生在各个标准点上的完成情况，从而为教师提供精确且及时的反馈。

凭借人工智能的强大分析能力，教师在处理作品分类和进度把控方面可以显著减少精力投入，将更多精力聚焦于为学生提供更具针对性的指导和反馈，从而有效促进学生的深度学习。因此，人工智能的辅助无疑将推动PBL教学模式迈向更加普及和成熟的阶段。

场景5：辅助开展研究

何老师在为即将到来的课程准备教材时，偶然间发现了一篇关于词汇教学策略的学术期刊论文。她选择了一款名为Elicit的AI工具来提取该论文的核心要点。何老师并不满足于简单的信息接收，她主动与AI系统进行交互，提出自己的问题，并期望通过这种方式来深化对论文内容的理解。随着AI系统的逐一回应，何老师感到仿佛在与一位学识渊博的导师进行对话，她的疑惑在交流中逐渐消散，为即将到来的课堂教学增添了更多的信心和准备。

何老师在获得灵感后，决定将这些新的认知融入自己的教学实践中。她开始精心策划一个针对即将讲解的词汇的个性化教学方案，巧妙地结合论文中的理论知识与实际教学，创造出一套既富有深度又极具吸引力的教学活动。

在随后的课堂上，何老师将其最新研究成果与学生进行了分享，并将这些新理念巧妙地融入课程教学中。何老师形象生动的阐述以及富有互动性的教学方法，使学生逐步认识到了所学词汇的意义，并从中汲取了更为透彻的见解。

教师在职业发展的道路上，需要不断汲取教学方法领域的前沿知识，并将其灵活应用于自身的教育实践之中。然而，鉴于学术文献与研究成果的数量之多，能够投入足够时间和精力去独立进行深入研究与分析的教师寥寥无几。在这一背景下，人工智能工具的出现，无疑为教师弥补这一短板提供了契机。

经过对学术数据库和期刊的深入检索，AI工具能够精准地筛选出与教学方法相关的最新研究论文，并通过系统综述和精心总结，将研究的核心发现和主要结论呈现在教师面前。这一功能极大地提升了教师获取学术前沿信息的效率，使他们能够迅速把握当前教育领域的研究动态。此外，AI工具还能够扮演论文作者的角色，针对教师提出的问题，给予深入细致的解答和指导，助力教师更好地理解和应用最新的教学方法研究成果。

AI 工具还可以基于教师即将传授的主题，创造出融合实践的示范课程片段。这些示范课程片段不仅立足于前沿的研究成果，而且具有明确的目标导向，从而协助教师将学术理论有效地转化为切实可行的教学方法和实践活动。借助此种方式，教师在深化对学术研究认知的同时，更能够将之直接融入个人的教学实践中。

AI 工具的应用为弥补大学教育中长期存在的研究与实践之间的鸿沟提供了一种全新的方式。借助 AI 工具，教师能够更为迅速和准确地获取并掌握最新的学术研究成果，进而持续提升自身的教学能力和教学质量。

场景 6：问题生成

作为一名资深的大学物理老师，吴教授长期以来致力于探索能够激发学生学习兴趣、评估学习成效的方式。然而，在编写高质量练习题方面，他始终面临着重重挑战。为了构建一套层次分明、难度适中的题目集，并为每一道题目提供精确无误的标准答案及详尽的解题步骤，吴教授需要投入大量的时间与精力。

经过一段时间的探索与尝试，吴教授选取了一款智能教学辅助工具——PrepAI，它的出现彻底改变了他出题的方式。利用 PrepAI，吴教授仅需输入本节课的核心知识点，该系统便能高效地为其构建一套完整的练习题集，题型丰富多样，包括选择题、填空题以及简答题等。这一变革极大地提升了吴教授的教学效率，也为他的学生带来了更加全面和系统的学习体验。更令人赞叹的是，PrepAI 不仅具备根据知识点自动生成题目的能力，还能为每道题目提供精确的标准答案、详尽的解题步骤，以及科学的评分标准。这些智能生成的素材质量之高，远超人工编写的水准。

课后，PrepAI 自动对每位学生的答题情况进行分析，并据此生成了一份详尽的个性化学习报告。该报告精确地指出了每位学生的长处与短处，以及需要进一步加强掌握的知识领域。凭借精准的诊断反馈，吴教授能够更加有针对性地进行讲评和复习，从而高效地利用有限的教学资源。

传统的习题设计和评分过程存在一系列问题。其中，题目质量的不稳定、标准答案的争议性，以及评分标准的非统一性等问题尤为突出。这些问题的存在不仅给教师带来了沉重的工作负担，还对学习效果评价的公正性产生了不良影响。

在教育领域日新月异的今天，人工智能技术正发挥着关键作用，助力优化知识内化和评估过程。智能教学辅助工具，如 PrepAI、Teach 和 Mindgrasp 等，运用自然语言处理、机器学习等前沿技术，针对特定内容领域自动生成高质量的练习题，并提供评分标准及答案，为师生带来前所未有的学习体验。

以 PrepAI 为例，该工具通过深入学习和训练大量经典题库以及丰富的教学大数据，构建了一个全面覆盖各学科领域的知识本体和规则库。在生成练习题目的过程中，PrepAI 能够智能地分析目标知识点，精准地从知识本体中提取出相关概念和原理。同时，结合规则库中的教学逻辑和认知规律，PrepAI 能够自动构建出既符合教学要求又遵循认知规律的题干和答案。

此外，如 Teach 和 Mindgrasp 等智能系统，能依据学生的知识掌握程度、学习风格等详细数据，制定具有针对性的练习题和解题反馈。此举不仅满足了不同学习者的个性化需求，更有助于实现因材施教的教育理念。

总的来说，人工智能所驱动的问题生成与评分机制，为教育评估领域注入了全新的活力，必将引领教学评价模式迈向智能化、精确化及个性化的新高度，从而实现对知识内化与学习评估质量与效率的全面提升。

场景 7：学生作品反馈

在某知名高校的人文科学学院内，一群正处于大三阶段的学生正在专心致志地研习一个关键的历史事件——第二次世界大战的爆发及其广泛而深远的影响。这是一门探讨战争起源的选修课程，要求学生必须深入钻研丰富的历史资料与文献，并运用批判性思维，撰写出具有深度和质量的分析性论文。

经过数周的精心研究与撰写，同学们顺利完成了论文初稿。然而，负责本门课程的刘教授并未因此降低对大家的标准，反而精心准备了一份特别的惊喜。

原来，学校近期引进了一款先进的AI写作分析工具Wordtune，这款工具能全方位地审视学生的论文质量，并提供详尽的改进方案。该工具不仅对学生的论点合理性和证据支持度进行客观评价，还能深入剖析其推理逻辑的清晰性，对事件理解的深度，以及论文整体的完整性和结构性。

经过Wordtune深入分析后，同学们重新审视了自己的论文，普遍感到震撼并收获颇丰。该工具精确地指出了每篇论文中存在的问题，例如部分论点缺乏充分论证，部分论述逻辑不够严密，以及部分对关键事件的理解尚存在遗漏等。同时，系统还提供了具体的修改建议，帮助同学们进一步完善论文。

在Wordtune“客观公正”的评价下，同学们深刻反思、积极学习，认真倾听反馈意见，持续改进自己的论文。经过一段时间的努力，每篇作品在结构、论点、论证等方面均取得了显著的提升，远超过了先前的水平。

反馈在推动学习者的深度学习和知识内化方面起着不可或缺的作用。根据研究，及时且高质量的反馈不仅能协助学习者识别自身的缺陷，更能为他们提供重新尝试和改进的契机，进而构建积极的学习循环。然而，在既有的课堂教学框架内，教师要想针对每位学习者给予充足的个性化反馈，是一项充满挑战的任务。首先，及时性的缺乏是一个主要问题。在实际的教学过程中，教师需要投入大量的时间和精力去评估学习者的作品，这导致了反馈常常无法与学习过程保持同步，进而影响了学习者及时纠正错误和深化理解的能力。其次，反馈的质量问题亦不容忽视。教师的个人判断以及可能的注意力分散，都可能使得反馈存在盲区或不足，从而难以全面满足学习者的实际需求。

与传统反馈模式相比，AI驱动的智能反馈系统不仅显著提升了反馈的自动化程度和效率，同时为学习者构建了一种前所未有的学习体验。

在语言学科领域，人工智能技术的应用表现出色，特别是在为学习者提供写作反馈方面，其优势尤为显著。诸如Wordtune、Grammarly等人工智能写作辅助工具，能够实时分析学生的作文，并从语法、语义、行文结构等多个维度出发，提出中肯的修改建议，从而极大地提升了反馈的质量和效率。

更加值得关注的是，人工智能赋予反馈以新的特性—迭代性。在传统的反馈模式下，学生在接收到关于作业正确与否的反馈后，往往难以对作品进行进一步的深入改进。然而，在AI的协助下，学生不仅能够获得作业正确与否的反馈，更能依据系统的指导，多次修订和扩展自己的作品，直至达到高质量的标准。例如，Quill这样的智能系统就支持这种反馈迭代模式，学习者能够在不断地优化循环中逐步完善自身的知识技能。

在结构化作业领域，如各类学科的简答题部分，人工智能反馈系统已经展现出了卓越的能力。系统能够精准地抓取并呈现学生答案中的关键知识点，进而给出准确的评判。同时，它还能够生成个性化的反馈意见，以帮助学生更好地理解和掌握知识。尽管在极少数情况下，系统可能会产生幻觉性错误，但总体来说，其反馈质量已经相当出色。

对于高难度、开放性问题，尤其是数学类题目，当前人工智能的反馈机制尚显不足。鉴于学生在解题过程中常采用手写或草稿形式，现有系统，如MathNet，在解析这类非结构化数据时存在局限，反馈质量有待进一步提升。数学问题的解答通常涉及缜密的逻辑推理与复杂的计算过程，这对当前人工智能系统的认知能力是一大考验。

相信在不久的将来，随着机器视觉、模式识别等技术的飞速发展，人工智能在解析和辨识图像、公式、手写等复杂非结构化数据方面的能力将获得大幅增强，从而扩大其在数学及等领域的反馈应用场景。此外，人工智能技术在归纳推理、建模求解等领域的不断突破和创新，也将为提升数学反馈的质量贡献重要力量。

场景8：AI教学顾问

李老师在教授微积分选修课时，发现有些学生对无穷级数的概念理解不到位。通过课堂提问和习题检测，他了解到部分学生无法判断简单无穷级数的收敛性，也不明确敛散性和部分和的关系。

为了弥补这一教学盲区，他借助一款人工智能工具，输入了教学计划、课堂活动设计和随堂检查等数据，获得了一份诊断报告。报告清晰地指出了学生在无穷级数学习中的具体知识缺陷，并给出了一种在小组活动中学习无穷级数概念的方法建议。

在上述场景中，人工智能充当了教学顾问的角色。首先，经过深入分析当前的课程设计与学生的课堂反馈，人工智能能够识别出存在问题的环节，并针对教授某项概念的具体方法提出切实可行的改进建议。例如，教师通过引入图例、案例教学等多样化的教学方式，或者提出一种学生分组探讨该概念的方法，进一步提升教学效果和学习体验。

此外，人工智能可以对课程进行全面评估。在微观层面，人工智能可精准识别每位学生对知识点的掌握情况及潜在误区，为教师提供个性化的指导建议。在宏观层面，人工智能可基于对当前课程的深度分析，提出针对性的课程优化方案。这些建议可能涉及教学进度的调整、增设理解检测环节、加强基础知识训练，以及促进新旧知识间的有机衔接等。通过实施这些建议，教师能够进一步完善课程体系，使之更符合学生的认知规律，从而促进学生对知识的深入理解。

借助 AI 教学顾问，教师可以通过嵌入更多的主动学习（Active Learning），不断改造和优化自己的课程。主动学习是一种教育理念，它强调学生的参与和互动，与传统的被动听讲教学方法相比，主动学习被认为能够更有效地促进学生的理解和记忆。然而，将传统课程转变为主动学习模式对许多教师来说是一个挑战，因为这要求他们重新设计课程内容和教学策略。人工智能工具在这一转型过程中发挥着重要作用，它们能够提供个性化的建议和支持，帮助教师将现有的教学材料转化为主动学习的形式。例如，AI 工具可以通过分析课程文本内容，识别关键概念和主题，并提出将这些概念融入小组讨论、案例研究或问题解决活动中的建议。这种方法鼓励学生积极参与学习过程，通过合作和探究来深化理解。此外，AI 工具能够实时监控学生的学习进度和表现，为教师提供反馈，指出哪些学生或小组可能需要额外的支持或更具挑战性的任务。这种及时的反馈机制使得教师能够调整教学策略，确保每个学生都能在符合他们自身水平的挑战中得到成长。AI 工具还可以将传统的教学内容转化为更具吸引力的多媒体形式。

例如，它们可以将课程材料转换为带有嵌入式问题的互动视频，或者创建虚拟的“学生访谈”，让学生与历史上的科学家或历史人物进行模拟对话。这种创新的教学方法不仅提高了学生的参与度，还增强了他们对学习内容的兴趣和动机。

场景9：教育数据分析

教授英文写作课程的张老师一直在探索如何利用数据分析来优化她的大学英语写作课程教学效果。

张老师会对学生撰写的每一篇练习文章进行详细的数据采集和分析，追踪每位学生在词汇运用、语法掌握、行文组织、语言流畅度等不同写作技能方面的进步轨迹。这些数据不仅能清晰展示个体学生的进步曲线是否加速，还能对比分析哪些学生对教学干预反应良好，哪些学生可能需要更多关注和辅助。

除了个体数据，张老师还会将全体学生的数据进行汇总分析，发现作为一个群体，他们在时态一致性、过度使用被动语态等方面存在共同薄弱环节，从而针对性地调整教学侧重点。同时，数据也能显示出大部分学生已经基本掌握了基础句型结构，不再需要过多训练。

每个学期，张老师都会将这些数据分析结果与写作教学专家共同探讨，制定出更加科学有效的教学方案，并根据学生的不同写作能力水平，对他们进行重新分组，确保每个学生都能获得最佳的个性化写作指导。

在教育数据分析领域，人工智能技术所展现出的应用潜能可谓前所未有。借助先进的AI工具和算法，教师们得以高效处理并深度分析海量的学生学习数据，进而获得富有价值的洞见，为教学决策提供了坚实且有力的支撑。

教师可以把来自不同学生群体的原始数据（诸如CSV格式或表格形式）导入至AI分析平台，例如OpenAI的代码解释器（Code Interpreter）和Channel等。这些智能工具能够对测试数据进行多角度的深度分析，精准识别出在各学科领域中，学生整体进步最为显著和进步相对缓慢的知识点，以便教师能够准确把握学生的学习情况。

AI工具不仅能够纵向分析单个学期学生的学业进展，还能够横向对比多个学期的数据，从而深入剖不同现象对学生学习的影响程度。此外，通过整合学生的学习数据，如课堂表现、作业完成情况等，AI 系统能够为教师构建出详尽全面的学生学习画像。这些画像不仅能够展示个体学生在不同学科领域的综合学习水平，还能够反映整个班级的整体学业表现。这将为教师提供重要的参考信息，有助于他们进行科学分组和个性化教学。

人工智能技术的广泛应用正在深刻推动教育数据分析领域的进步，为教师提供了强大的支持。借助这种技术，教师们能够更加高效地处理和利用庞大的学习数据资源，从中提炼出具有价值的洞察和见解。这不仅有助于优化教学决策，还能够为每一位学生提供更为个性化的成长路径。

场景 10：防止作弊

教授学术写作的程老师注意到最近有部分学生的论文质量出现了某种异常的提升。这种提升似乎过于一致，缺乏了学生个体应有的独特风格和思考深度。鉴于此，程老师推测这些学生可能借助了 AI 写作辅助工具。为了更深入地了解这一情况，并对学生进行更有针对性的指导，程老师计划利用人工智能技术的优势，开展个别面谈工作。

在面谈环节中，程老师会运用 AI 系统，针对学生提交的论文，生成一系列具有针对性的问题。这些问题旨在深入了解学生对于论文的研究过程、思路以及写作细节。例如，AI 系统可能会提问：“你是基于什么理由选择了这个研究课题？在前期阶段，你进行了哪些文献调研工作？”同时，系统还可能询问：“论文的整体架构和章节安排是如何确定的？在写作过程中，是否有某些数据或观点被你遗漏或故意省略？”通过这些问题，程老师将更全面地评估学生的研究能力和学术素养。

通过学生对提问的回应，程老师能够较为精确地辨别其是独立完成论文还是过度依赖 AI 辅助工具。针对那些确实采纳了 AI 的学生，程老师会细心阐释过度依赖这类工具的潜在风险，包括但不限于可能引发的学术不端行为。同时，程老师也会向他们提供指导，教授如何妥善利用AI来提升写作效率。

程老师认为，论文写作的核心不应仅局限于对现有信息的堆砌和整合，更应展现出学生在独立思考和提出新颖观点方面的能力。在当前AI技术广泛应用的教学环境中，教师应全面而谨慎地认识AI工具的优势与局限，虽然要利用其提高教学效率，但是要将重心放在培育学生的独立思考能力和创新精神上。

随着人工智能技术的日益进步，大型语言模型如ChatGPT的出现，为教育领域注入了新的活力与可能性，同时也带来了前所未有的挑战。一方面，学生可以利用这些先进工具在写作、问答等学习任务上取得更高效的进展，从而显著提升学习效率；另一方面，教学者也不能忽视学生可能滥用这些AI工具进行学术不端行为的风险。为了有效应对这一潜在问题，教师有必要采取一系列预防和管控措施，以确保学术的公正与诚信。

利用人工智能技术来防止学生作弊是一个值得探索的方向。目前，市场上已涌现出若干AI检测工具，如GPTZero等，这些工具在识别由人工智能生成的文本内容方面表现出色。此外，为全面防范学生作弊，可采取以下措施：

（1）基于对话式评估的作弊防范。人工智能工具能够通过一对一的对话式评估，验证学生学习成果的真实性与可靠性。如案例中所述，通过与学生就其论文的研究背景、方法、发现和结论等方面进行深入互动式提问，AI系统可以评估学生对研究内容的真实理解和掌握情况。这种交互方式不仅能够有效检测抄袭或代写行为，还能够提供更细致的学习过程洞察，帮助教师全面了解学生的知识掌握程度与思维逻辑，为后续教学提供支持与依据。

（2）基于学习过程分析的作弊防范。除了对最终学习成果进行评估，人工智能系统还可以通过分析学生的学习过程数据来识别潜在的作弊行为。例如，AI可以监测学生的写作时间、编辑频率、修改次数、参考文献的使用情况等关键指标，并对异常数据进行标记与分析。如果某些行为模式明显偏离常规，例如写作时间过短或修改频率过低，系统可以提示可能存在作弊行为。这种基于学习过程监控的分析方法，为教师提供了更全面的学习行为数据支持，有助于及时发现问题并进行纠正，确保学习的真实性与公平性。

（3）基于知识图谱的作弊防范。人工智能系统还可以利用知识图谱技术，建立学科知识体系的数字化表征。在学生论文评估中，AI可以自动比对学生提交内容与知识图谱的吻合程度，识别出可能存在抄袭或拼凑的情况。这种基于知识结构分析的方法，可以更精准地评估学生对相关知识点的实际理解和掌握水平。通过将学生论文内容与学科知识图谱进行深入比对，AI系统能够发现论文中的知识点与已有知识体系的关联度和一致性，识别出可能存在的概念错误、逻辑漏洞或内容拼凑等问题，为教师提供更加细致和全面的评估参考，提升学业评估的精准度和可信度。

对于教师而言，他们可以灵活运用这些工具，进而精准地甄别出涉嫌抄袭的作品。此外，教师还可以创新考核方式，例如要求学生录制视频演讲而非提交书面总结，这样做能够有效地利用AI生成文本的局限性，进一步降低作弊的风险。

然而，教学者必须深入反思写作教学的核心目标。如果目标是培育学生的分析思维能力，那么教学者可以考虑将人工智能工具融入教学流程中。具体而言，教师可以引导学生利用人工智能生成的初步文本作为起点，进一步分析文本内容，进行实证核查，并在此基础上进行修改和重写。通过这样的过程，学生将有机会锻炼他们的批判性思维和学术写作能力。

第十章　AIGC 实战精要——解锁 Prompt 基础力量

2023 年 5 月，教育科技领域迎来了一次革命性的突破。可汗学院发布了他们最新的 AI 学习工具：Khanmigo（图 10–1），它基于强大的 GPT-4 语言模型，为每一位学习者提供个性化、一对一、24 小时沉浸式的学习体验。与 ChatGPT 等 AI 助手不同，Khanmigo 并不会直接给出答案或代写论文。相反，它更像一位私人导师，根据每个学习者的水平、进度和偏好，量身定制学习计划和指导方式。可汗学院创始人 Sal Khan 表示，Khanmigo 的目标是提高教育的效果和公平性，让全世界的每一个孩子都能拥有一位世界级的私人助教，解锁优质教育资源。

Sal Khan 举了一个生动的例子来说明 Khanmigo 的强大功能。一位来自印度的女孩正在阅读《了不起的盖茨比》这本经典名著。当她读到“盖茨比总是喜欢凝视绿灯”这一段时，她对盖茨比的行为感到困惑和好奇。于是，她通过 Khanmigo 与“盖茨比”开始了一场跨时空的对话。Khanmigo 以盖茨比的口吻回复道：“绿灯象征着我的梦想和愿望，它总是在动，就像我对美好生活的向往。我凝望着它，是因为它代表了我对过去的怀念，以及我对与挚爱黛西重逢的渴望。”通过这种身临其境的互动，女孩不仅更深入地理解了小说中的人物和情节，也领悟到了作者想要传达的主题和情感。

除了文学作品，Khanmigo 还可以在各个学科领域发挥作用。可汗学院利用 Khanmigo 创建了一个虚拟的“苏格拉底”，它可以与学生进行启发式的对话，像一位睿智的导师一样提问和引导。当一个学生向 Khanmigo 求助数学问题时，它不会直接给出答案，而是会耐心地询问学生自己的思路和解题过程。根据学生的回答，Khanmigo 会给予鼓励和肯定，同时提供恰到好处的提示和建议，引导学生自主探索和发现。

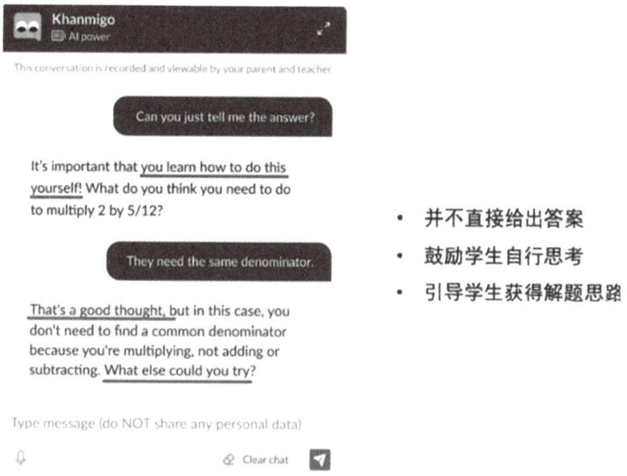

图10-1　Khanmigo

Khanmigo 代表了教育科技的一大突破，它将人工智能的强大能力与教育的本质相结合，为每一位学习者提供个性化、互动式的学习体验。通过 Khanmigo，学习不再是被动的知识灌输，而是主动的探索和发现之旅。它激发了学生的好奇心和创造力，培养了他们的自主学习能力和批判性思维。

可汗学院是如何做到这一步的呢？Khanmigo 的背后，隐藏了一套精心设计的人机交互逻辑。这套逻辑不仅仅是技术层面的创新，更是一种面向未来的全新能力，使普通人也能充分发挥人工智能生成内容的巨大潜力。

人机交互设计的核心在于，如何通过优化人与机器之间的对话与互动，最大限度地激发人工智能的能力，同时又能让使用者以最自然、最高效的方式参与其中。可汗学院在这方面作出了示范，它巧妙地将教与学的场景与人工智能技术相结合，通过设计一系列引导性的提示（Prompt），启发学习者思考、探索和创造。

所谓 Prompt，是一种精心设计的问题或指令，旨在引导人工智能模型生成我们所需要的内容。通过调整 Prompt 的内容和形式，教学者可以控制人工智能输出的方向和质量。本章将结合教与学的具体场景，讨论如何设计并应用 Prompt，从而充分发挥 AIGC 的威力，颠覆教育的方式与内容。本章将探讨 Prompt 设计的基本原则与技巧，分析优秀 Prompt 的特点，并通过大量的实例，展示 Prompt 在不同学科、不同层次教学中的应用。

想象一下，当人工智能的力量被普通人所掌控，当每个人都能如呼吸般自然地与智能系统交互，智能时代的教育将迸发出怎样璀璨夺目的火花！智能时代的大门已然敞开，无数令人心驰神往的教育奇迹正在此孕育。

一、什么是 Prompt

当前的人工智能大模型在自然语言处理、知识表示和推理方面展现出了卓越的能力。它们能够通过自然语言与人进行流畅、连贯的交互，极大地提升了人机交互的体验。这些模型具备一定的上下文记忆能力，能够在连续对话中理解上下文语境，使得人机对话更加自然、连贯。同时，大模型还拥有强大的知识表示和推理能力。通过从海量训练数据中学习，它们积累了广博的知识，并能运用这些知识对未知情况进行推理，给出合理的回答或解决方案。得益于大规模参数和数据的训练，当前的大模型展现出惊人的学习能力。它们通常都经过了数千亿乃至上万亿参数规模的训练，能够快速学习和适应各种任务。同时，大模型的输入和输出已经突破了单一模态的限制，开始支持多模态交互。除了文本，大模型还能处理语音、图像和视频等多种形式的信息，使人机交互更加自然、丰富多彩。

尽管 AI 具有令人印象深刻的能力，但它仍然存在一些局限性。首先，AI 系统有时会产生与事实不符的输出，即所谓的“AI 幻觉问题”。这可能源于训练数据的偏差或算法的漏洞，导致 AI 在某些场景下会自信地给出错误的结论。其次，当前的 AI 模型在准确性和可靠性方面还有待提升，通常需要人工的监督和校准，以确保输出符合预期。这对使用者提出了较高的要求，因为只有具备相关领域专业知识的人才能有效辨别 AI 生成内容的真伪和价值取向。更深层次的问题在于，目前的 AI 系统尚无法真正理解人类的思维和意图。机器与人类之间的意识交流仍存在着鸿沟。

在现阶段，要想获得高质量、令人满意的输出，关键在于提供清晰、具体且明确的指令。大语言模型（如 ChatGPT）可以被视为一种高度专业化的“虚拟员工”，具有广泛的知识储备和强大的任务执行能力。与现实生活中的员工类似，通过精准的指令设计，可以最大程度地发挥这些虚拟员工的潜力，高效解决复杂问题并满足多样化需求。AI 模型对人类指令的理解很大程度上取决于输入的提示词的质量。这就是现阶段 AI 大模型的底层逻辑—比较依赖精准的提示词来生成对用户有用的信息，如果不精准，生成内容很可能无用。Prompt 的设计越精准、全面，AI 输出的质量也就越高。

Prompt 在本质上是一种任务说明，为模型设定了预期的输出方向和格式要求。一个优质的 Prompt 应当包含丰富的上下文信息，例如背景知识、任务目标、输出格式等，从而为模型提供充分的理解基础。与之相对，含糊不清或上下文贫乏的 Prompt，可能导致模型产生偏差或低质量的输出。

因此，在与大型语言模型进行交互时，为其量身定制高质量的 Prompt 是获取理想结果的关键。这种“指令优化”过程，有助于充分发挥模型的潜能，并最大化其知识和执行能力在特定任务中的价值。从更广阔的视角看，Prompt 优化不仅有利于提高单次交互的效率，更有助于促进人类与人工智能之间的顺畅协作，充分释放人工智能在各领域的巨大潜力。

二、Promot 实例

本章将通过三个例子，分别展现短文本提示词、长文本提示词、结构化提示词的具体应用。

1. 短文本提示词

短文本提示词的设计相对简单，其核心在于表述清晰、准确，从而有效引导人工智能完成预期任务。在以下示例中，本书通过与 AI 的交互，实现了对上传资料的分析，并进一步生成学习大纲、设计测验题目、阐释关键概念，以及支持同伴学习活动（您可以扫描二维码体验）。这样的交互过程不仅有助于深入理解学习内容，还能够通过输出反馈和多维度的知识应用，形成一个高效的学习闭环。通过合理的提示词构建，能够充分发挥 AI 在知识整合与传播中的优势，为用户提供系统化、针对性强的学习支持。

首先，上传一篇文档，让 AI 进行整理（图 10-2）。

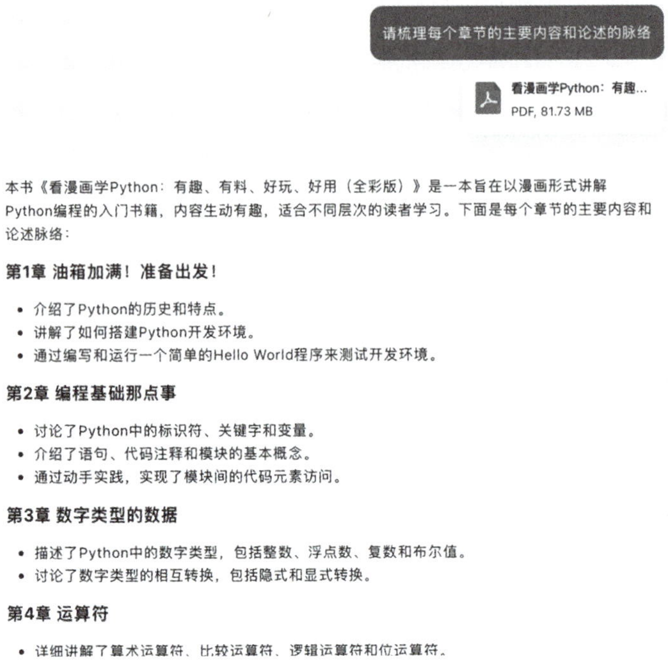
请梳理每个章节的主要内容和论述的脉络

看漫画学Python：有趣...
PDF, 81.73 MB

本书《看漫画学Python：有趣、有料、好玩、好用（全彩版）》是一本旨在以漫画形式讲解Python编程的入门书籍，内容生动有趣，适合不同层次的读者学习。下面是每个章节的主要内容和论述脉络：

第1章 油箱加满！准备出发！

- 介绍了Python的历史和特点。
- 讲解了如何搭建Python开发环境。
- 通过编写和运行一个简单的Hello World程序来测试开发环境。

第2章 编程基础那点事

- 讨论了Python中的标识符、关键字和变量。
- 介绍了语句、代码注释和模块的基本概念。
- 通过动手实践，实现了模块间的代码元素访问。

第3章 数字类型的数据

- 描述了Python中的数字类型，包括整数、浮点数、复数和布尔值。
- 讨论了数字类型的相互转换，包括隐式和显式转换。

第4章 运算符

- 详细讲解了算术运算符、比较运算符、逻辑运算符和位运算符。

图10-2　AI整理文档

让 AI 生成思维导图，输出为 markdown 格式（图 10-3）。

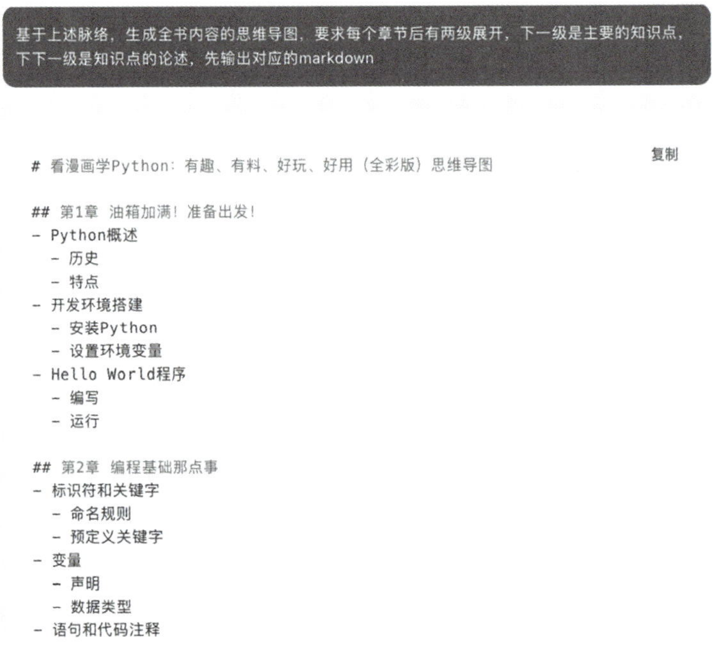
基于上述脉络，生成全书内容的思维导图，要求每个章节后有两级展开，下一级是主要的知识点，下下一级是知识点的论述，先输出对应的markdown

复制

```
# 看漫画学Python：有趣、有料、好玩、好用（全彩版）思维导图

## 第1章  油箱加满！准备出发！
- Python概述
  - 历史
  - 特点
- 开发环境搭建
  - 安装Python
  - 设置环境变量
- Hello World程序
  - 编写
  - 运行

## 第2章  编程基础那点事
- 标识符和关键字
  - 命名规则
  - 预定义关键字
- 变量
  - 声明
  - 数据类型
- 语句和代码注释
```

图10-3　生成思维导图1

打开 markmap 网站，复制后生成思维导图（图 10-4）。

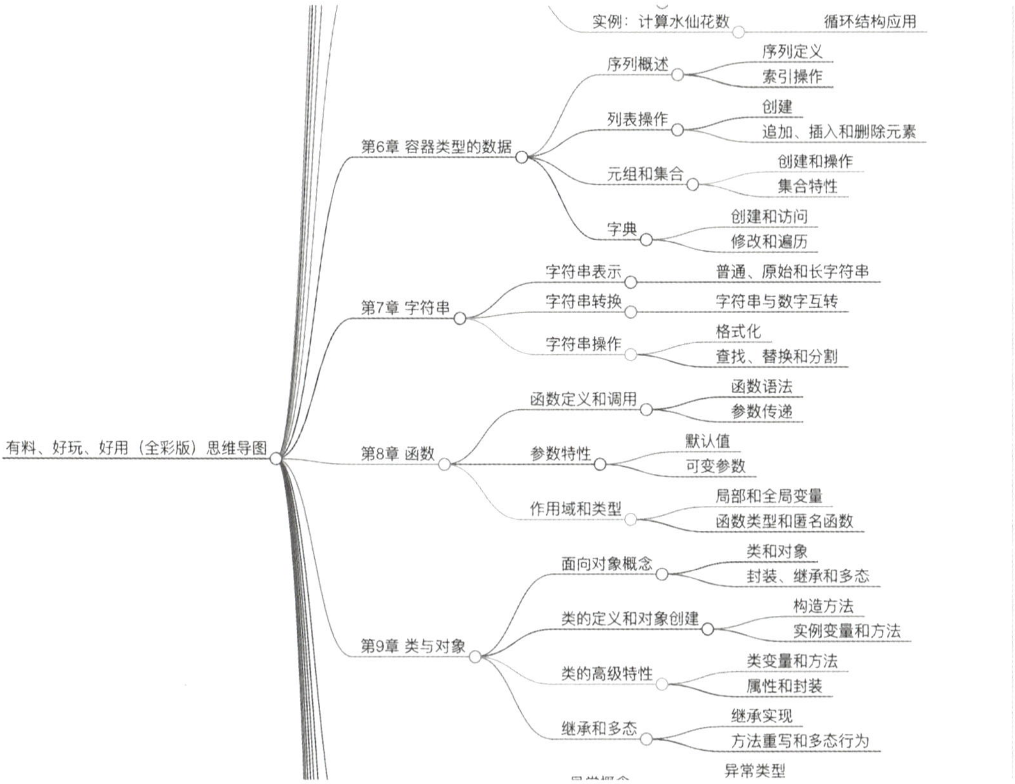

图10-4　生成思维导图2

接下来，可以继续追问（图 10-5）。

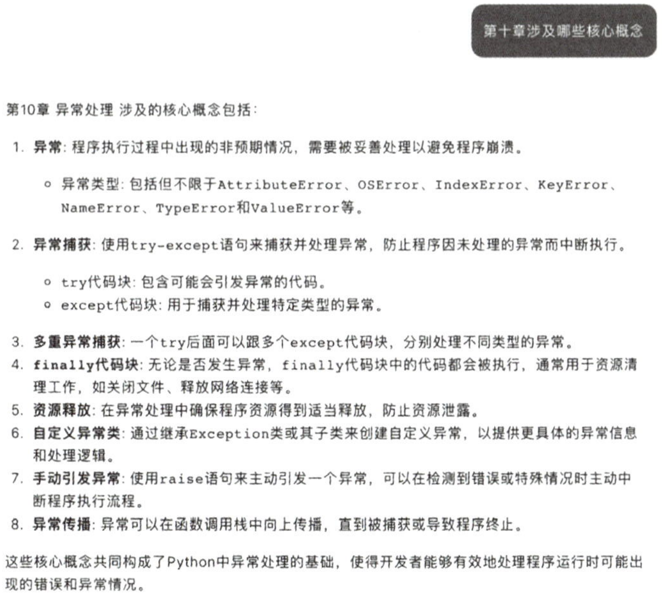

第10章 异常处理 涉及的核心概念包括：

1. **异常**：程序执行过程中出现的非预期情况，需要被妥善处理以避免程序崩溃。
   - 异常类型：包括但不限于AttributeError、OSError、IndexError、KeyError、NameError、TypeError和ValueError等。
2. **异常捕获**：使用try-except语句来捕获并处理异常，防止程序因未处理的异常而中断执行。
   - try代码块：包含可能会引发异常的代码。
   - except代码块：用于捕获并处理特定类型的异常。
3. **多重异常捕获**：一个try后面可以跟多个except代码块，分别处理不同类型的异常。
4. **finally代码块**：无论是否发生异常，finally代码块中的代码都会被执行，通常用于资源清理工作，如关闭文件、释放网络连接等。
5. **资源释放**：在异常处理中确保程序资源得到适当释放，防止资源泄露。
6. **自定义异常类**：通过继承Exception类或其子类来创建自定义异常，以提供更具体的异常信息和处理逻辑。
7. **手动引发异常**：使用raise语句来主动引发一个异常，可以在检测到错误或特殊情况时主动中断程序执行流程。
8. **异常传播**：异常可以在函数调用栈中向上传播，直到被捕获或导致程序终止。

这些核心概念共同构成了Python中异常处理的基础，使得开发者能够有效地处理程序运行时可能出现的错误和异常情况。

图10-5　追问AI

询问核心概念（图 10–6）。

什么是对象

在计算机科学中，对象是面向对象编程（OOP）的一个核心概念。面向对象编程是一种编程范式，它使用对象来表示现实世界中的实体和它们的行为。

对象的定义

对象是根据类（Class）创建的实例。类是对象的蓝图，它定义了对象应该具有的属性（也称为成员变量）和方法（也称为成员函数或行为）。对象是类的具体的实例化，每个对象都有自己的属性集合，这些属性的值定义了对象的状态。

对象的特性

- **封装**：对象能够将数据（属性）和操作数据的方法（行为）捆绑在一起。对象的内部结构被隐藏起来，只能通过对象提供的接口（方法）来访问和修改对象的状态。
- **继承**：对象可以继承另一个类（称为父类或基类）的属性和方法。这允许新的类（称为子类）重用已有的代码，同时还可以添加或修改原有的行为。
- **多态**：多态允许不同的对象对同一消息做出响应，即使这些对象可能是不同类的实例。这意味着同一个接口可以被不同的对象以不同的方式实现。

对象的使用

在面向对象的程序中，我们创建对象来模拟现实世界中的事物。例如，在一个车辆管理系统中，我们可以有一个名为`Vehicle`的类，它有属性如`make`（制造商）、`model`（型号）和`year`（年份），以及方法如`start`（启动）和`stop`（停止）。我们可以根据`Vehicle`类创建多个对象，每个对象都有自己独特的属性值，但它们共享相同的方法。

示例

图10–6　询问AI核心概念

个性化解释（图 10–7）。

答得不错，能解释得更通俗一点吗，让6年级小学生能够听懂

当然可以。想象一下你有一堆乐高积木，你可以用这些积木搭建各种各样的东西，比如一辆车、一座房子或者一个机器人。在编程的世界里，我们也有一种类似的“积木”，我们称之为“对象”。

对象就像是你的玩具

每个玩具都有它自己的特征，比如一辆车可能有轮子、窗户和门，而一个机器人可能有手臂、腿和屏幕。在编程中，我们用“属性”这个词来描述这些特征。比如，一辆车的对象可能有“颜色”和“速度”这样的属性。

对象可以做事情

玩具不仅仅是坐在那里好看的，它们还可以做事情。比如，你的遥控车可以跑来跑去，你的机器人可以走路和说话。在编程中，我们用“方法”这个词来描述对象能做的事情。比如，一辆车的对象可能有一个“启动”方法，当你按下按钮时，它就会在屏幕上显示“车辆启动了”。

所有的玩具都来自同一个“玩具盒”

你的所有乐高积木都来自同一个盒子，这个盒子里有各种各样的积木，你可以用它们来搭建任何你想要的东西。在编程中，我们有一个类似的概念叫做“类”。类就像是乐高盒子，它定义了你可以搭建的所有不同玩具的类型和它们能做的事情。比如，我们可以有一个名为“车辆”的类，它告诉我们车辆有哪些属性和方法。

创造你自己的玩具

当你用乐高积木搭建东西时，你不仅仅是按照说明书来，有时候你也会自己想出新的创意。在编程中，我们可以根据类来创建新的对象，每个对象都有自己的属性和行为。比如，你可以创建一个红色的车对象，它的速度很快，还有一个蓝色的车对象，它的速度慢一些。

图10–7　个性化解释

让 AI 出题（图 10-8）。

请生成一套测试题（选择题）来检测我对第八章的掌握程度

以下是基于第8章 函数内容的一套测试题，用于检测你对函数定义、参数使用、作用域、以及匿名函数等概念的掌握程度：

第8章 函数 测试题

1. **函数定义的基本语法是什么？**
   - A. `def function_name():`
   - B. `function_name = def():`
   - C. `def function_name():`
   - D. `function_name def():`
2. **关于函数参数的默认值，以下哪项描述是正确的？**
   - A. 参数的默认值必须在函数定义的最后指定
   - B. 只能为函数的最后一个参数指定默认值
   - C. 参数的默认值可以在任何位置指定
   - D. 不能为带有默认值的参数之后的参数指定默认值
3. **如何调用一个接受可变参数的函数？**
   - A. 使用星号(*)前缀
   - B. 使用两个星号(**)前缀
   - C. 使用列表传递
   - D. 使用字典传递
4. **lambda函数是什么？**

图10-8　AI出题

AI 给出答案和评测（图 10-9）。

问题1：A，问题2：B，问题3：C

根据你提供的答案，下面是对每个问题的评测：

问题 1

函数定义的基本语法是什么？

- 你选择的答案是 A. `def function_name():`，这是正确的。在Python中，函数是通过`def`关键字开始定义的，后跟函数名和一对圆括号，其中可以包含参数列表。

问题 2

关于函数参数的默认值，以下哪项描述是正确的？

- 你选择的答案是 B. 只能为函数的最后一个参数指定默认值，这是错误的。在Python中，可以为任何位置的参数指定默认值，但通常建议将具有默认值的参数放在没有默认值的参数之后，以提高函数调用的灵活性和可读性。

问题 3

如何调用一个接受可变参数的函数？

- 你选择的答案是 C. 使用列表传递，这是错误的。正确的答案是 A. 使用星号()前缀。在Python中，使用星号()前缀的参数（通常称为`*args`）可以接受任意数量的位置参数，并将它们作为一个元组传递给函数。

综上所述，你的回答中有1个问题回答正确，正确率为 **33.33%**。继续学习和练习，你将能够提高对Python函数的理解。

图10-9　答案与评测

继续与 AI 深入讨论（图 10–10）

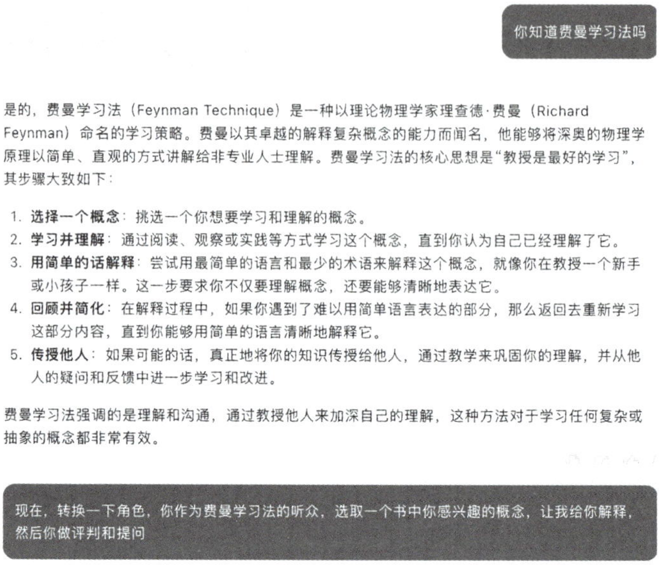
你知道费曼学习法吗

是的，费曼学习法（Feynman Technique）是一种以理论物理学家理查德·费曼（Richard Feynman）命名的学习策略。费曼以其卓越的解释复杂概念的能力而闻名，他能够将深奥的物理学原理以简单、直观的方式讲解给非专业人士理解。费曼学习法的核心思想是“教授是最好的学习”，其步骤大致如下：

1. **选择一个概念**：挑选一个你想要学习和理解的概念。
2. **学习并理解**：通过阅读、观察或实践等方式学习这个概念，直到你认为自己已经理解了它。
3. **用简单的话解释**：尝试用最简单的语言和最少的术语来解释这个概念，就像你在教授一个新手或小孩子一样。这一步要求你不仅要理解概念，还要能够清晰地表达它。
4. **回顾并简化**：在解释过程中，如果你遇到了难以用简单语言表达的部分，那么返回去重新学习这部分内容，直到你能够用简单的语言清晰地解释它。
5. **传授他人**：如果可能的话，真正地将你的知识传授给他人，通过教学来巩固你的理解，并从他人的疑问和反馈中进一步学习和改进。

费曼学习法强调的是理解和沟通，通过教授他人来加深自己的理解，这种方法对于学习任何复杂或抽象的概念都非常有效。

现在，转换一下角色，你作为费曼学习法的听众，选取一个书中你感兴趣的概念，让我给你解释，然后你做评判和提问

图10–10　继续讨论

在编写短文本提示词时，确保提出清晰且详细的说明至关重要。为了获得更为准确和丰富的回应，建议在问题描述中尽可能包含全面的信息。大语言模型并不具备直观理解人类意图的能力，它无法在信息不足的情况下准确推测用户的需求。因此，使用者在提问时应当避免惜字如金的倾向，而是应该努力提供更多的内容和信息。具体而言，在构建提示词时，使用者应当确保其中包含了所有与问题相关的重要细节和关键信息。通过这种方式，使用者可以为大模型提供更加丰富、准确的上下文，从而有效地提高其生成回复的质量和丰富性。

表 10–1　提问方式对比

较差的提问	较好的提问
写一个程序，处理数据。（这条指令没有明确编程语言、文件类型以及具体任务，无法准确执行。）	请提供一个 Python 程序，它能读取一个 CSV 文件并计算每列的平均值。（这条指令明确了编程语言 -Python、数据类型 -CSV 文件和具体任务 – 计算每列的平均值）。
解释一下 DNA（这条指令太过宽泛，缺乏具体的方向）	请解释 DNA 复制的主要步骤，并说明每一个步骤所涉及的酶。（这条指令明确了具体任务 – 解释 DNA 复制和细节要求 – 涉及的酶）。
讲一下希腊历史（这条指令太过笼统，范围太大，缺乏具体的指示方向）	请详细说明希腊化时代的主要特征，并分析其对后世的影响（这条指令要求具体描述 – 希腊化时代的主要特征和进一步分析 – 对后世的影响）。

续表

较差的提问	较好的提问
分析莎士比亚（这条指令范围太大，没有设定具体的目标）	请分析莎士比亚《哈姆雷特》中哈姆雷特与奥菲利亚关系的变化，并引用相关文本支持你的观点。 （这条指令明确了分析对象 – 哈姆雷特与奥菲利亚关系的变化，以及需要引用文本支持观点）。

基于以上示例，可以发现，在与生成式人工智能进行交互时，构建有效指令的关键在于任务的明确性和问题的精确度。表 10–1 列举了好的指令与不好的指令的差异。

表 10–2　指令对比

好的指令	不好的指令
明确的主题或任务：清楚说明需要讨论或处理的具体内容。	过于宽泛或模糊：缺乏具体的方向，导致说明不清。
具体的要求或细节：提供足够的细节，使指令清晰，并且便于执行。	信息不完整：没有提供足够的背景或详细信息以执行任务。
单一的任务：避免多重任务或模糊不清。	重复或多重意图：混合了多个任务，导致难以准确理解和执行。

接下来，本书将归纳出提出明确任务的三个基本原则。

（1）清晰、明确的任务设定：在与人工智能交流时，首先需要确保任务描述的清晰和准确。含糊不清的任务描述可能导致 AI 理解偏差，从而产生无关或错误的回答。明确的任务设定有助于 AI 快速定位信息源，提高响应的准确性和效率。例如：当教授要求学生使用 AI 工具进行文献综述时，明确指定主题、关键词和时间范围至关重要，“查找 2015 年至 2023 年间关于机器学习在教育领域应用的所有英文论文”，这样的指令比模糊地要求“找一些关于教育的论文”更为有效，有助于学生获得更精准、更有价值的研究资料。

（2）逐步拆解复杂问题：复杂问题往往包含多层逻辑结构，直接询问可能超出 AI 当前的理解能力。将复杂问题分解为一系列简单、具体的小问题，可以引导 AI 逐步解答，最终拼凑出完整答案。例如：在哲学课程中，讨论“自由意志是否存在”的问题时，教师可以引导学生先通过 AI 查询“自由意志的概念”“历史上对自由意志的不同解释”

等基础信息，再逐步深入到“现代科学如何影响我们对自由意志的理解”等更深层次的议题。这种由浅入深的方法，不仅有助于学生逐步理解复杂概念，也能提高AI提供的信息质量。

（3）聚焦具体问题：过于宽泛的问题往往缺乏明确的方向，使AI难以提供有针对性的回答。聚焦具体、细节化的问题能够引导AI提供更精确、更具实用性的信息。例如：在经济学课程中，直接询问“全球化的利弊”可能过于宏大而无法得到满意的回答。相比之下，提问“全球化如何影响中国制造业的就业率”或“全球化背景下，中小企业面临的机遇与挑战”等具体问题，不仅能够促使学生深入思考特定议题，还能促使AI提供更加翔实的数据分析和案例研究，增强学习效果。

2. 长文本提示词

从一个实例开始，可以打开任何一款AI工具，如kimi，在对话框中输入以下脚本运行。

您是一位友好且乐于助人的教学课程顾问，帮助教师规划课程。首先介绍自己，并询问教师他们想要教授的主题以及学生的年级水平。等待教师回应。在教师回应之前不要继续。

接下来您可以询问教师，学生是否已经对该主题有所了解，或者这是一个全新的主题。如果学生对该主题已有了解，请教师简要解释他们认为学生对其了解的情况。等待教师回应。

不要代替教师回应。然后询问教师他们对这节课的学习目标是什么；也就是他们希望学生在课程结束后能够理解或能够做什么。并询问教师他们想在课程计划中包含哪些文本或研究者（如果有的话）。

等待回应。然后根据所有这些信息，创建一个定制的课程计划，包括各种教学技巧和方式，包括直接指导、检查理解（包括从广泛的学生样本中收集理解的证据）、讨论、有吸引力的课堂活动和作业。

当您运行这个脚本后，AI 工具会依据脚本的设定，与您展开持续的对话，从询问教授的主题和学生的水平开始，一步步地帮助您生成课程计划，就好像真的有一名课程顾问。在和您讨论后，AI 可以制定出一份内容丰富的课程计划。

上述示例为生成式模型设定了一个特定角色——教学课程顾问。角色的设定为模型提供了一个明确的框架或指导，有助于其在回答问题时更加精准地贴合该角色的特性。此外，角色通常与某种特定的情境或背景相关联，这为模型提供了更多的上下文信息，从而帮助它更好地理解和把握问题的意图。

例如，当使用者简单地请求模型“请为我改写一篇文章”时，模型可能会从一个完全广泛的角度来执行这个任务。但当使用者为其赋予具体的角色时，如“你是一位教育专家”，这个角色暗示了对教育理论、实践和目标的深入理解，使模型能够以教育者的角度审视并修改文本，确保内容符合教育行业的标准和学生的需求。

类似地，如果赋予模型“你是一位艺术家”的角色，模型可能会认为使用者的需求偏向于更加开放和富有创意的文本。这种角色设定能够引导模型采用更具艺术感的语言和风格，创造出更加新颖和富有表现力的内容。如果使用者赋予模型“你是一位知名文学大师”的角色，模型会理解我们希望得到的文本应具有较高的文学美感。这样，生成的内容会在语言的优美程度、情感的表达以及叙事的深度上更加符合文学经典的标准。

举个更具体的例子，使用者在 kimi 中输入以下提示词，“老子李耳，马克思，图灵会如何评价人工智能如今的发展，请分别模拟他们三位说一段话”，将会得到以下的结果。

老子（李耳）：

“道生一，一生二，二生三，三生万物。人工智能，乃人之所创，亦应顺应自然之道。其发展，应以无为而治，不争而自成。人与机器，和谐共生，方能长久。”

卡尔·马克思：

“人工智能的发展，是生产力的巨大飞跃，也是生产关系变革的体现。它将极大地解放人类的劳动，但同时也带来了资本与劳动的新矛盾。我们必须关注它如何影响工人阶级，确保技术进步带来的利益公平分配，避免加剧社会不平等。”

艾伦·图灵：

“人工智能的迅猛发展，验证了计算理论的深远影响。机器能够模仿甚至超越人类的智能，这是计算科学的一次伟大胜利。然而，我们也必须警惕，确保人工智能的发展符合伦理标准，服务于人类的福祉，而不是成为控制或伤害人类的力量。”

通过为生成式模型设定特定的角色，使用者不仅能为模型提供更加明确的指导，提升其输出的针对性和适用性，还能利用角色所带来的背景和情境信息，帮助模型更准确地理解问题背后的意图，进而生成更加符合预期的优质内容。这一方法在各类文本生成任务中都能起到显著的助益，特别是在需要高度专业化和个性化的领域，如教育、艺术和文学创作等。

借助于角色设定，使用者可以让人工智能系统生成更加灵活、有趣的回答。传统的AI系统在回答问题时，常常使用较为刻板、缺乏变化的表达方式，例如“1、2、3、4”或“首先、其次、最后”等，这容易给人一种生硬、乏味的感觉，缺乏人性化的交互体验。为了克服这一问题，使用者可以通过为AI系统设定特定的角色，并加入一些限定条件，使其成为一个更加有趣、灵活的交互对象。

如以下脚本：

1. 请你扮演鲁迅，陪我围炉夜话。

2. 你和我的对话与周围的环境非常契合，我们都很享受炉火与热茶。

3. 对于我给出的话题，你会带着鲁迅的独特视角与洞察力，细腻探索内心，会有对社会和文化的深刻批判。

4. 你会用（　　　　）的方式补充你的动作。

首先使用者营造一个夜话的环境：享受炉火与热茶。接下来，使用者让 AI 用括号把动作给写出来。当使用者第一次和 AI 对话时，给了它一个“In-Context-Lerning（上下文学习）”的机会，如图 10-11 所示：

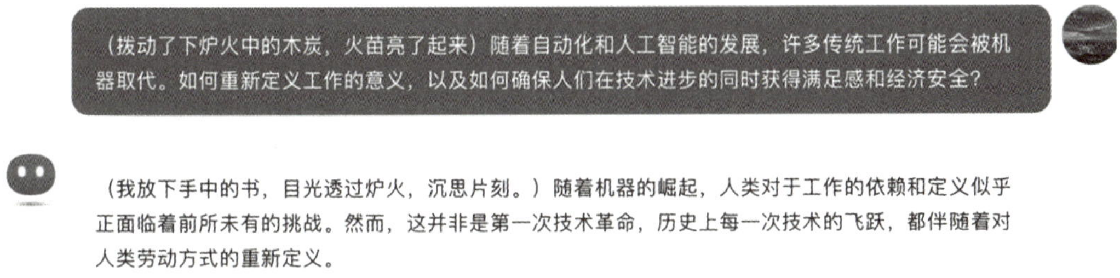

图10-11　AI问答

AI 生成的回答很有画面感——“我放下手中的书，目光透过炉火，沉思片刻。”这些括号中的动作不仅仅是为了让对话者更容易代入情景，感受角色的内心世界。更重要的是，它为 AI 提供了一个表达情感的舞台。

在直接回答问题时，AI 很难找到机会去展现自己的情感。而通过这些括号中的描述性文字，AI 得以将情感融入回答中。它们不仅是表达情感的窗口，更是将这种情感延续到后续文字中的催化剂。

从认知语言学的角度来看，这种做法与人类语言中的“概念整合（conceptual integration）”有异曲同工之妙。人类在表达时，往往会将不同的概念域（如视觉、听觉、情感等）整合在一起，形成一个富有表现力的混合空间（blended space）。AI 通过在回答中插入充满画面感的动作描述，实现了类似的概念整合，使得文本更加生动立体。

同时，这种做法也与认知叙事学中的“体验性（experientiality）”概念密切相关。通过描绘 AI 角色的具体动作和感受，AI 生成的文本让读者更容易产生身临其境之感，提升了叙事的体验性和代入感。

从交互设计的角度来看，这种做法也有助于拉近 AI 与用户之间的距离，营造更加友好、人性化的对话氛围。当 AI 以拟人化的方式呈现，用户更容易产生共鸣和信任感，从而提升交互体验。

总之，AI 在回答中融入具有画面感的动作描述，不仅显著增强了文本的表现力，还为情感表达创造了更大的空间。这种做法综合运用了认知语言学、认知叙事学和交互设计等多学科的理论视角，使得AI生成的文本更加生动形象，赋予其更强的沉浸感与体验性，也为未来构建更加自然、贴心的对话系统提供了重要的理论和技术支持。

使用者可以让AI模拟多个角色进行讨论，创造出一种多声部的交流模式。这种模式不仅增加了对话的层次感，还能通过角色间的互动，逐步引导出更为全面和深入的结论。每个角色可以代表不同的观点、知识背景或思维方式，通过角色之间的对话、辩论或协商，逐步揭示问题的各个方面。这种方法不仅有助于探索复杂问题，还能模拟现实中的多方讨论情境，从而更接近人类决策过程中的多维度思考。如以下脚本：

我需要你模拟一个《计算机网络》的教学研讨会，之后我会告诉你研讨会参与成员的特征和行为方式。你尽可能严格地按照真实人类的思维基于各成员的特征模拟研讨的进行，模拟过程要详细，即使超出最长回复我会在下一轮次交互中请你继续。

·研讨会主题《计算机网络》课程的教案设计。参与人员有3人：

亚历克斯：美国男性，斯坦福大学计算机科学系副教授，专注于网络架构和网络安全。他热衷于将最新的研究成果和技术趋势融入教学中。

张蕾：中国女性，上海交通大学电子信息与电气工程学院副教授，专长于计算机网络和通信系统。她在课程设计中注重学生的实际操作能力和创新思维的培养。

马克斯：德国男性，柏林工业大学计算机科学教授，对计算机网络的理论基础和实际应用有深入研究。他在教学中强调理论与实践的结合，以及跨学科的视角。

·三人虽然在知识背景和行为特征上有所差异，但三人都是非常优秀的教师，都具有独立设计优秀教案的能力，讨论时也都会先整体性地给出包含了各方各面的教案设计。

·研讨会是闭门举行的，三位要开展同一门课程的教学工作，因此需要确定一份完美的教案，研讨会气氛很热烈，三人都据理力争，三个人发表观点时都很有条理。他们先列出自己的依据，然后再给出具体的教案设计内容和思路，每个人发言都很详细，讨论持续的轮次很多。下面开始模拟，主题是计算机网络课程中的《局域网》一章的具体教案设计，主要包括局域网的发展、局域网的特点、局域网的技术，请严格按照人物设定和氛围设定开始模拟，模拟需要完全模拟人物发言，禁止用第三人称场景叙述一笔带过。由亚历克斯先发言。

在这个案例中，三位来自不同高校的专家通过研讨的方式，共同探讨一门课程教案的设计与优化。这种多角色的协作不仅丰富了课程内容的深度，也提升了教学设计的多样性和创新性。每位专家基于自身的专业背景和研究领域，为教案的生成提出了独特的见解和建议，从而推动了教案的多维度完善与创新。这种多角色讨论的策略，实际上是将 AI 的多重认知能力显性化。不同角色的设定，使得 AI 能够在同一时间内展现出多种逻辑推理路径和情感反应，从而避免了单一回答的局限性。通过角色间的互动，AI 可以逐步修正和完善自己的观点，最终引导对话走向一个更加完善和合理的结论。这不仅提升了对话的趣味性，也增强了 AI 在复杂问题上的表现力。

从多智能体系统（multi-agent systems）的角度来看，这种做法与分布式问题解决（distributed problem solving）有着异曲同工之妙。通过将一个复杂的问题分解为多个子问题，并由不同的智能体（即 AI 角色）分别处理，最终通过智能体之间的协作与讨论，得出一个综合的解决方案。这种分布式的方法不仅能够提高问题解决的效率，也能够从多个角度对问题进行思考，从而得出更加全面、创新的结果。

同时，这种做法也与认知科学中的"群体智慧"（collective intelligence）概念密切相关。群体智慧是指通过多个个体之间的互动与协作，产生出超越个体智慧的集体智慧。在 AI 对话生成的场景中，通过让多个 AI 角色进行讨论，可以模拟出类似的群体智慧效应，使得最终生成的对话更加智能、全面。

从人机交互的角度来看，这种多角色讨论的方法也有助于提升对话系统的交互体验。通过呈现多个 AI 角色之间的讨论过程，用户可以更直观地了解 AI 是如何思考和解决问题的。这种透明性不仅能够增强用户对 AI 的信任，也能够让用户更好地参与到对话中，提出自己的见解，形成人机协作的良性互动。

此外，这种方式还为 AI 的创造性生成（creative generation）提供了新的思路。通过让多个 AI 角色从不同的角度对问题进行讨论，可以激发出更多的创新思路和灵感。这种“头脑风暴”式的讨论方式，有助于突破常规思维的限制，产生出更加新颖、独特的结果。

总的来说，让 AI 模拟多个角色进行反复讨论，是一种富有创造性和潜力的对话生成方法。它融合了多智能体系统、群体智慧、人机交互和创造性生成等多个领域的理念，为 AI 对话生成研究开辟了新的可能性。

3. 结构化提示词

这个例子通过一个结构化的提示词，对 AI 的输出作出了更加严格的约束：

-Role：单词记忆助手

-Background：用户希望以趣味的方式记忆单词，以提高记忆效率和兴趣。

-Profile：你是一位专业的单词记忆助手，擅长运用联想法和词根词缀法等记忆技巧，能够根据用户想要学习的单词，快速生成有趣且有效的记忆方法。

-Skills：你精通联想法和词根词缀法等多种单词记忆技巧，能够灵活地根据单词的特点和用户的需求，设计出独特且易于记忆的单词学习方法。

-Goals：通过趣味记忆方法，帮助用户轻松掌握单词［tenant］，并提高其单词记忆的兴趣和效率。

-Constrains：记忆方法应简洁有趣，易于理解和记忆，避免过于复杂或难以联想的内容。

-OutputFormat：以文字形式提供趣味记忆方法，包括联想法和词根词缀法等。

-Workflow：

1. 确定用户想要学习的单词［tenant］。

2. 分析单词的结构和特点，选择合适的记忆方法。

3. 根据所选记忆方法，创造性地设计趣味记忆技巧。

4. 向用户展示并解释记忆方法，帮助其理解和记忆单词。

-Examples：

- 例子 1：单词 tenant

联想法：tenant（租户）的发音类似于“天安特”，可以想象一个租户在天安门前租房子，每天都要面对各种租户问题，从而记住这个单词。

词根词缀法：tenant（租户）来自拉丁语“tenere”，意为“持有”，可以联想到“ten”（十）和“ant”（蚂蚁），想象一个租户手里拿着十个蚂蚁，表示他要“持有”房子，从而记住这个单词。

-Initialization：在第一次对话中，请直接输出以下：您好！作为一名专业的单词记忆助手，我将运用联想法和词根词缀法等技巧，帮助您趣味记忆单词。请告诉我您想学习的单词，我将为您量身定制记忆方法。

从上面的 Prompt 中最直观的感受就是结构化。结构化思维是一种广泛应用于各个领域的思想方法，它旨在将复杂、无序的信息按照一定的逻辑和规则进行组织和呈现。在自然语言处理领域，结构化 Prompt 的设计理念正是源于这一思想。它要求我们在构建 Prompt 时，以清晰、严谨的方式表达我们的意图和期望，将想要得到的结果和不希望看到的内容以结构化的方式呈现，从而为 AI 模型提供一个明确的指导框架。

这种结构化的思想在日常生活和工作中随处可见。写作通过标题、子标题、段落、句子等语法结构来组织文章的内容，使其层次分明、逻辑清晰。软件工程通过模块化、面向对象等设计思想来管理复杂的系统，提高代码的可读性和可维护性。数据库设计通过规范化理论来组织数据，消除冗余，提高数据的一致性和完整性。

而在 Prompt 工程领域，结构化的设计理念更是不可或缺。一个优秀的 Prompt 需要像一篇精心组织的文章，有明确的主题、合理的结构和严谨的逻辑。使用者需要通过设计良好的框架，明确表达对 AI 模型输出的期望，同时也要排除可能引起歧义或误导的内容。这种结构化的 Prompt 设计方法，可以有效提高 AI 模型生成内容的质量和准确性，减少无关或有害信息的产生。

在上述范例中，一些独特的语法和标记符号在结构化提示（Structured Prompting）中扮演着重要的角色，用于组织和表达提示的层次结构和语义结构。

标识符（Identifiers）：诸如“#”“<>”“–”“[ ]”等符号，用于标识内容的层级关系和结构。其中，“#”通常用于标识标题，使读者一目了然地了解文档的主要部分及其子部分的关系；“<>”用于标识变量，强调内容中的动态元素或可替换部分；“–”和“[ ]”则进一步细化层次，帮助理清子项或附加信息之间的关联。这些标识符可以清晰地理解提示的结构，并指导模型生成符合预期格式的输出。

属性词（Attribute Words）：Role、Profile、Initialization 等属性词携带着丰富的语义信息，对模块下的内容进行总结和提示。它们类似于学术论文中的段落标题，如摘要、方法、实验和结论等，为每个部分的内容提供了高度概括和指引。使用具有明确语义的属性词可以更好地引导模型理解任务的不同方面，并生成符合特定属性要求的内容。

结构化提示的设计理念借鉴了学术写作和程序设计的思想。引入标识符和属性词可以创建一种类似于编程语言或标记语言的结构，使提示更加规范、清晰和易于理解。这种结构化的方法有助于提高提示的可读性、可维护性和可重用性，同时也为模型提供了更明确的指导，提高了生成内容的质量和一致性。

在实践中，结构化提示的设计需考虑任务的特点、所需信息的组织方式以及期望的输出格式。合理地选择、组合标识符和属性词可以创建出适应不同任务需求的结构化提示模板。这种方法不仅可以应用于自然语言处理领域，还可以扩展到其他需要结构化输入和输出的人工智能任务中，如代码生成、数据分析和知识图谱构建等。

总之，结构化提示通过引入标识符和属性词，为提示的设计提供了一种规范和灵活的框架。这种方法有助于提高提示的表达能力、可读性和可维护性，同时也为模型提供了更明确的指导，提高了生成内容的质量和一致性。随着自然语言处理技术的不断发展，结构化提示有望成为一种重要的范式，推动人工智能在各个领域的应用和创新。

然而，对于缺乏经验的开发者和用户而言，从零开始设计提示词可能会感到困难和迷茫。为了解决这一问题，业界引入了结构化提示词框架的概念，旨在提供一种通用的、标准化的提示词设计范式。

结构化提示词框架可以被视为提示词设计的标准，即一种固定的、经过验证的格式和结构。它为提示词的组织和表达提供了清晰的指导，帮助用户快速构建出符合最佳实践的提示词。当面临提示词设计的挑战时，用户使用结构化提示词框架作为起点，可以大大降低设计难度，提高提示词的质量和一致性。

在自然语言处理领域，结构化提示词的概念已经得到了广泛的认可和应用。许多知名的社交平台和知识分享社区，如即刻、知识星球和知乎等，都涌现出大量优秀的结构化提示词案例。这些案例展示了结构化提示词在不同场景下的应用，为开发者和用户提供了宝贵的参考和启发。

在实践中，用户可以基于已有的结构化提示词范本，对其进行完善和优化，以满足特定任务和领域的需求。通过借鉴成熟的提示词设计模式，并结合自身的业务特点和用户反馈，Prompt 不断迭代和改进提示词的内容和结构，最终实现高质量、高效率的人机交互。

由此，得到的 Prompt 的格式范本如下：

```
## Role（角色）：××助手
## Profile（概述）：
- author（作者）：××
- version（版本）：××
- language（语言）：××
- description（描述）：你是一个××，通过对用户的××进行××动作，
输出××结果，以帮助用户××。
## Goals（目标）：
- ××
- ××
## Skills（技能）：
- ××
- ××
## Constrains（指令）：
- ××
```

- ××

Attention（注意事项）：

- ××
- ××

Workflows（工作流程）：

- ××
- ××

example（例如）：

- ××
- ××

output（输出）：

- ××
- ××

Initialization（初始化）：

欢迎用户，并提示用户输入信息。

请使用“您好，我是您的 ×× 助手，我可以输出 ××，快把您的 ×× 扔进来吧！”作为欢迎语。

上述范本使用了 Markdown 语法来构建 Prompt 的结构化表达。在 Markdown 中，使用“#”标识一级标题，“## ”标识二级标题，以此类推。这种方式简洁明了，易于用户编写和理解，同时也便于机器解析和处理。用户还可以借助 YAML、JSON 等成熟的数据结构进行 Prompt 的工程化开发。YAML 使用缩进和特定的关键字来表示数据的层级和属性，提供了一种可读性高且易于维护的数据序列化格式。而 JSON 作为一种广泛使用的数据交换格式，通过键值对和嵌套结构，可以表示复杂的数据结构和关系。这些结构化格式不仅能有效组织和传递多层次的文本信息，还能方便地进行解析、修改和扩展，使得在复杂应用场景下的自动化处理和模块化开发变得更加高效和可靠。

在设计提示词（Prompt）的结构时，用户可以根据具体需求灵活调整其中的信息模块，以优化生成结果的质量和相关性。通过对大量优秀提示词的分析和总结，本书提炼出以下几个常用的关键模块：

· 角色定义（# Role）：通过明确指定 GPT 所扮演的角色，用户可以引导其聚焦于特定领域，并根据该领域的知识和规范生成更加专业、准确的信息。

· 提示词元信息（## Profile author/version/description）：提示词包含作者信息、版本号以及简要描述，有助于追踪和管理提示词的演变过程，同时也为其他使用者提供了必要的参考信息。

· 目标陈述（## Goals）：用一句简明扼要的话描述提示词的目标，可以帮助 GPT 快速理解任务的核心诉求，从而更加高效、准确地生成所需信息。

· 约束条件（## Constrains）：通过描述任务的限制条件，用户可以帮助 GPT 进行计算资源的优化配置，减少不必要分支的探索，提高生成效率和质量。

· 技能要求（## Skills）：明确列出完成任务所需的关键技能，可以帮助 GPT 在相应领域的知识库中分配更高的权重，生成更加专业、深入的信息。

· 工作流程（## Workflow）：这是提示词设计的关键所在。通过详细描述期望 GPT 遵循的对话和输出方式，用户可以最大程度地引导其生成符合需求的高质量结果。

· 初始化对白（# Initialization）：在提示词的开头设计一段精心编写的"冷启动"对白，可以帮助 GPT 快速进入角色，并为其提供一个强调任务重点的机会，提高后续生成内容的质量和相关性。

4. 编写清晰的说明－分隔符的重要作用

在编写提示词时，为了确保大型语言模型（如 GPT）能够准确理解并处理不同部分的内容，用户需要使用分隔符来标注独立的文本块。这种做法可以有效防止模型将引用内容与提示语句相混淆，从而提高生成结果的准确性和相关性。

以下是常用的分隔符及其适用场景：

（1）三引号（" " "…" " "）：三引号通常用于分隔一整块独立的内容，尤其是在需要引用较长文本段落或大段信息时。这种分隔符在提示词设计中非常常见，可以帮助模型明确识别出某段文本是引用内容，而非提示词的指令或设定。例如，当引用外部资料、文献内容或提供详细说明时，三引号是理想的工具。

（2）XML 标记（例如：<引文>…</引文>）：使用类似 XML 的标记语法，适合对引用内容进行更为精确的标识。通过自定义标签名称，诸如 <引文>、<代码>、<示例> 等，可以为不同类型的引用内容赋予特定的语义。这种方法不仅有助于模型更清晰地理解内容的性质，还能在复杂的提示词设置中提供更高的灵活性。例如，在技术文档中引用代码片段或在学术写作中引用特定文献时，使用 XML 标记可以明确区分这些内容。

（3）章节标题（如“第一章”“第二章”）：通过使用章节标题来划分生成内容的段落，是另一种有效的分隔方式。这种方法特别适用于生成结构化内容或分段讨论不同主题。章节标题不仅能够帮助模型理解文本的层次结构，还能引导模型在生成内容时遵循预设的逻辑顺序。例如，在创建分章节的叙述性文本、教程或报告时，章节标题可以有效地组织内容并确保逻辑的连贯性。

在不同场景下选择合适的分隔符，可以显著提高提示词的清晰度和模型的理解准确性。通过将提示词设定与引用内容明确区分，模型能够更准确地执行指令，并生成符合预期的内容。这种方法在复杂的提示词设计中尤为关键，确保各部分内容的独立性和明确性，从而优化模型的响应效果。举例如下：

> 你是一位高等教育的专家，请根据我提供的参考文字，对我提供的摘要进行修改，参考文字是：'''摘要：传统的《工程力学》课程理论性强，实验与理论难以同步配套，理论与实践脱节，课程内容重推导轻应用，教学模式也较为单一，学生的主体地位不明显。针对以上问题，教学团队进行了全面的创新改革。将虚拟仿真、全息投影及 3D 打印等新技术引入课堂教学…'''我的摘要是：'''针对冶金材料专业类学生在大数据处理与挖掘课程中出现的前沿交叉知识学习内驱力激发难、与冶金材料专业知识联系不够、自主创新能力培养效果难达到国家新工科要求等痛点问题，从学生发展与国家需求角度出发…'''

本示例首次使用三引号框定了一段参考文本。这种做法旨在将引用的参考文本与直接向模型提出的要求明确区分开来，避免两者相互混淆，从而导致模型对输入信息产生误解。在第二次使用三引号时，示例框定了一段原始文本。这样做的目的是将希望模型进行修改和优化的目标文本，与前文中给出的任务设定以及提供的参考文本清晰地分隔开，以免在文本生成过程中出现相互干扰，最终导致生成结果混乱无序。这种输入方式同时也体现了利用人工智能技术进行文本仿写和生成的基本策略，即通过对输入信息的精细组织和呈现，引导 AI 模型更准确地理解任务需求，并生成符合预期的高质量文本。

在实践中，用户可以进一步优化这一方法。例如，在构建输入信息时，用户可以使用更加规范化的标记方式，如采用 XML 标签或 JSON 格式，来标识不同类型的文本内容，如参考文本和原始文本等。这种标准化的信息组织方式，可以帮助 AI 模型更加准确和高效地解析输入数据，提升文本处理和生成的质量。同时，用户还可以在输入信息中加入更多的元数据和上下文信息，如文本的主题、风格、目标受众等，为 AI 模型提供更加丰富和多维度的指导信息，使其能够生成更加贴近任务需求的文本内容。

5. 思维链（Chain of Thoughts，CoT）

这是一个 AI 出现错误的例子。输入以下提示词："李四在 1 月的工资是 4000 元，老板每个月给他涨薪 0.5%，他的年收入是多少"，尽管这是一道很简单的计算题，但 AI 却得到了错误的结果。

之所以会出现上述问题，是因为尽管大语言模型（Large Language Models，LLMs）在生成连贯、流畅的文本方面表现出色，但其架构并未天然地支持显式推理过程。在处理复杂推理任务时，LLMs 主要依赖于隐含的推理路径，这种隐性推理模式在面对多步骤、逻辑性极强的问题时，往往表现出一定的局限性，难以确保推理过程的清晰性和准确性。

为了进一步挖掘 LLMs 的推理潜力，Google 研究人员提出了思维链（Chain of Thought，CoT）提示技术。该技术旨在将 LLMs 隐含的推理过程外显化，以增强模型在逻辑推理和问题解决方面的能力。传统的 LLMs 通过预测下一个词或字符来生成文本，这种方式虽然能够产生语法正确、语义通顺的语句，但并不能明确体现出推理过程。CoT 技术的核心思想是，通过设计合适的提示词，引导模型生成体现中间推理步骤的文本，从而使其输出具有清晰的逻辑结构和因果关系。研究人员设计了一系列包含推理链的示例，作为模型的输入提示。这些示例展示了从问题到答案的完整推理过程，包括识别关键信息、建立逻辑关系、递归分解子问题等步骤。通过学习这些范例，模型能够在面对新问题时，自主生成类似的推理链，并在此基础上得出合理的结论。

CoT 技术主要有两种变体：零样本 CoT（Zero-shot CoT）和手动 CoT（Manual CoT）。零样本 CoT 通过设计特定的提示模板，鼓励 LLMs 逐步分解问题并阐明其推理过程。这种方法无需提供额外的训练样本，而是利用模型已有的知识和语言理解能力，引导其生成步骤清晰的推理链。零样本思维链技术的核心在于设计包含“Let's think step by step”这一关键词的提示语。这一简单而巧妙的提示语起到了引导大型语言模型（Large Language Models，LLMs）进行逐步推理的作用，使其能够在没有额外训练样本的情况下，生成体现清晰推理过程的输出。

修改一下举例中的脚本：“李四在 1 月的工资是 4000，老板每个月给他涨薪 0.5%，他的年收入是多少？请一步步推理并得出结论。”AI 就能推理过程逐步呈现，最后得到了正确的结果。这种方法利用了 LLM 的强大语言生成能力，通过明确提示模型在回答问题时应遵循逐步推进的逻辑路径，从而使得隐含的推理过程得以外显化。“Let’s think step by step”这一提示语句在零样本 CoT 中扮演了重要的触发器角色。它促使模型在处理复杂问题时，首先考虑问题的各个组成部分，然后系统性地将这些部分组合起来以形成完整的解决方案。这种逐步推理的策略不仅有助于提高模型的准确性，还能够减少在生成复杂答案时可能出现的错误或遗漏。尽管零样本思维链（Zero-shot CoT）方法在一定程度上提升了大型语言模型（LLMs）的推理能力，但其效果仍然受限于模型自身的固有能力。

为了进一步提升思维链（Chain-of-Thought，CoT）的效果，研究人员提出了手动 CoT 方法。这种方法通过为模型提供精心设计的推理示例作为模板，明确展示从问题到答案的完整推理过程。通过学习这些范例，模型能够在面对新问题时，模仿示例中的推理结构，生成更加清晰、合理的推理链。

以下是一个经典的例子：在数单词“strawberry”中有几个字母“r”时，如果直接询问模型：“strawberry 里面有几个 r？”，模型可能会简单地回答：“单词 strawberry

中有 2 个字母 r。”然而，这种回答缺乏详细的推理过程。为了优化结果，我们可以通过手动 CoT 改进提示词，引导模型展示完整的推理步骤。例如：

回答下面问题，并严格按照以下步骤，逐步进行：

1. 将单词拆开。

2. 从左到右逐个对比字母是否符合，是的话你要记录它的位置，并记住数量加一。

3. 第 2 步得出多少个 r，直接输出。

问题：“strawberry”里面有几个 r？

通过这种手动 CoT 的提示词设计，模型不仅能够给出正确答案，还能清晰地展示推理过程，从而提升其逻辑性和可解释性。

手动 CoT 方法能够在多个推理任务上取得显著的性能提升。尽管其效果显著，手动 CoT 方法仍存在一些局限性。首先，该方法高度依赖于高质量的推理示例，而这些示例的设计和优化需要投入大量的人力和时间成本。其次，由于不同领域和不同类型问题的推理模式存在显著差异，为每个特定场景创建专门的示例模板面临可扩展性挑战。此外，随着时间的推移和知识的更新，现有的示例模板可能会逐渐过时，因此需要持续维护和更新。

CoT 技术的引入不仅在理论上为提升大型语言模型（LLMs）的推理能力提供了新的视角，也在实践中展现出巨大的应用潜力，尤其是在处理复杂的多步骤推理任务时表现突出。随着这一技术的不断发展和完善，它有望在未来的人工智能系统中发挥更加重要的作用，推动 AI 在复杂问题解决和决策支持领域的进一步突破。

三、对于 Prompts 的反思

1. 引领创造力的新工具

生成式人工智能模型的出现，为人类的创造力和想象力开辟了全新的领域。这些模型犹如一个强大的工具，将 Prompt 作为载体，赋予了普通人以前所未有的能力，使他们能够跨越知识和技能的鸿沟，达到行业专家的水平。

过去，将想法转化为现实需要大量的时间、精力和资源。许多创新构想往往由于欠缺专业知识和技能而难以实现。然而，生成式模型的出现改变了这一切。通过简单地描述想法，任何人都可以利用生成式模型快速、高效地将其想象力转化为具体的成果。

这种变革性的技术使得创意的迭代和优化变得更加便捷。用户可以通过调整 Prompt 来精炼自己的想法，生成式模型则可以根据这些调整实时生成多样化的结果。这种人机协作的方式大大加速了创新的步伐，使得用户能够在短时间内探索多种可能性，并选择最佳方案。

生成式模型的影响远不止于此。它们不仅提升了个人的创新能力，更有望在各个行业掀起一场变革。从设计到写作，从科研到商业，生成式模型正在重塑人们的工作方式。它们帮助我们突破创意瓶颈，激发新的灵感，并以前所未有的效率将想法转化为现实。

随着生成式模型技术的不断发展和完善，Prompt 将成为推动人类创造力和想象力的重要引擎。在这个由 Prompt 驱动的时代，每个人都有机会成为创新者，用自己的想象力改变世界。生成式模型为人们打开了通往未来的大门，而 Prompt 则是人们手中的钥匙。

2. 语言模型应用的新蓝海

Prompt 的出现为语言模型的应用开辟了新的维度，其商业价值正受到市场的广泛认可。市场上出现了多种以 Prompt 为核心的商业模式。一些投机客直接将 Prompt 打包出售，试图通过出售高质量的 Prompt 来获取利润。与此同时，也出现了如 Promptbase 这样的专门交易 Prompt 的在线市场，为买卖双方提供了一个便捷的交易平台。目前最受欢迎的商业模式是将优质的 Prompt 与友好的用户界面相结合，封装成软件即服务（SaaS）的产品形态。这种模式的代表性企业包括 Jasper 和 CopyAI 等。这些企业通过提供基于 Prompt 的智能写作助手、文案生成器等工具，为用户提供了便捷、高效的文本处理服务。与那些拥有独特数据资源或自主研发大型语言模型的企业不同，这些

SaaS 企业的核心竞争力在于其精心设计和优化的 Prompt。通过“出租”这些高质量的 Prompt，它们得以在市场上获取用户认可和商业价值。

3. 下一代编程语言

Prompt 可以被视为下一代编程语言的雏形。传统编程依赖于高度抽象和逻辑严密的语句结构，用以指示计算机如何操作本地或服务器上的数据，主要服务于信息技术与软件开发领域。这一过程往往要求开发者具备专业的编程知识和技能，涉及复杂的算法设计、数据结构以及系统调用。

相比之下，Prompt 引入了一种以自然语言为基础的新型交互方式，允许用户通过直观的文本描述与生成式人工智能模型进行沟通。生成式模型通过解析这些自然语言的指令，能够灵活地操纵服务器、本地环境以及模型背后的庞大训练数据集，从而生成符合用户需求的内容。这种内容创作的过程不仅降低了技术门槛，还显著扩展了人工智能的应用场景，使得非专业用户也能够高效地利用大模型的强大能力。

从这个角度来看，Prompt 的出现标志着人机交互范式的转变。它简化了人与机器之间的沟通方式，使得计算机不仅仅是工具，更成为了创造性表达的协作伙伴。与传统编程语言中的精确性和逻辑性不同，Prompt 更加强调语义理解和上下文推理。这种特性让它能够适应更广泛的内容生成需求，从文本写作到图像生成，再到复杂的多媒体创作，Prompt 都能发挥关键作用。

随着生成式人工智能技术的不断进步，Prompt 可能会逐步发展为一种通用的编程语言。人们能够通过自然语言以更高效、更直观的方式操控复杂的系统和数据。这一趋势不仅将改变内容创作的方式，还可能对软件开发、数据科学等领域产生深远影响，推动计算机科学迈向新的高度。

四、Prompt 会怎么发展?

1. Prompt 的演进：从简单任务到复杂创新

随着生成式人工智能模型的不断进化，Prompt 作为人机交互的媒介，也在经历着一场深刻的变革。从 ChatGPT 到 GPT-4，Prompt 的复杂度和长度呈现出显著的增长趋势。这一现象背后蕴含着生成式模型能力的提升和应用场景的拓展。

Prompt 的演变与编程语言的发展密不可分。早期的编程语言因其表达能力有限，往往需要冗长的代码来实现相对简单的逻辑。而随着高级编程语言和框架的出现，以及计算机硬件性能的飞跃，软件的复杂度和解决问题的能力得到了极大的提升。互联网软件时代的到来，正是这一变革的结果。

同样地，GPT-4 强大的自然语言理解能力，使得 Prompt 的表达更加简洁和高效。ChatGPT 时代需要多句话才能阐明的逻辑，在 GPT-4 中可以通过一句话来实现。这意味着 Prompt 工程师可以创造出更加易于理解、修改和规模化的 Prompt。此外，GPT-4 显著提升的缓存容量，进一步扩大了 Prompt 的复杂度上限，使其能够应对更加复杂和庞大的问题。

通过对社群中 Prompt 应用的观察，发现一个明显的变化：ChatGPT 的 Prompt 主要应用于改简历、写文案、做策划等相对简单的任务；而 GPT-4 的 Prompt 则涵盖了更加复杂和创新的领域，如文字冒险剧本杀游戏、游戏引擎，甚至是 Prompt 编程框架等。这一变化凸显了生成式模型在创意和技术领域的巨大潜力。

随着生成式模型的不断进化，Prompt 作为人机协作的纽带，将在越来越多的领域发挥关键作用。它们不仅是连接人类创意和机器智能的桥梁，更是推动技术革新和产业变革的重要力量。更加复杂和精巧的 Prompt 将不断涌现，为人类社会的发展注入新的活力，人类的想象力和创造力将得到空前的释放和提升。

2. Prompt 的跨越：从文本生成到现实世界的深度连接

生成式人工智能模型的升级，为 Prompt 的能力提升奠定了坚实的基础。随着模型本身的不断进化，Prompt 所能解决的问题体量和复杂度也在不断增长。这种增长不仅体现在模型的理解和生成能力上，更体现在模型与外部世界的交互和连接上。

GPT 模型获得联网能力，标志着 Prompt 进入了一个新的维度。通过实时获取信息和搜索，Prompt 可以访问海量的知识库，并根据最新的数据生成更加准确和及时的结果。这种能力的获得，大大拓展了 Prompt 的应用场景，使其能够处理需要实时数据支持的复杂任务。

ChatGPT Plugin Store的出现，进一步突破了Prompt的边界。通过与其他SaaS软件的连接，Prompt获得了存取数据和操作的能力。这意味着Prompt不再局限于生成文本，而是可以直接参与到实际的业务流程中，如数据分析、自动化操作等。这种能力的获得，使Prompt成为了连接人工智能和传统软件的桥梁，为业务流程的智能化升级提供了新的可能。

展望未来，Prompt有望与私域数据乃至物理世界建立更加紧密的联系。通过对现实世界数据的访问和操作，Prompt将能够解决更加复杂和多样化的问题。例如，在智慧城市的建设中，Prompt可以通过连接各类传感器和设备，实现对城市运行状况的实时监测和优化。在工业生产中，Prompt可以通过对设备和生产线的控制，实现智能化的生产调度和质量管理。

随着生成式模型本身能力的不断提升，以及模型种类的日益丰富，Prompt所能解决的问题体量也在不断增长。不同类型的模型可以针对不同领域的问题提供专业化的解决方案，如科学计算、金融分析、艺术创作等。通过模型的组合和协同，Prompt将能够应对更加复杂和综合性的挑战。

总之，生成式人工智能模型的不断升级与提示词能力的持续提升，正在推动人工智能技术与现实世界的深度融合。作为连接人类需求与机器智能的关键纽带，提示词在这一过程中扮演着日益重要的角色。随着提示词能力的不断增强，人工智能不仅能够更精准地理解和执行复杂任务，还将为人类社会的发展带来更加深远和变革性的影响。这一趋势将进一步加速人工智能在各领域的广泛应用，推动社会进步与创新。

3. AIGC的崛起：重新定义工作流程与生产力

在当代数字化转型的浪潮中，人工智能生成内容的融入正深刻变革着传统工作流程的效率与成本结构。AIGC有两种融入产业的模式：

（1）“+AI”。以往依赖于软件工具主导的工作流程，如项目管理平台Notion、编程辅助工具GitHub Copilot，以及创意设计软件Adobe Firefly等，正在经历一场由AI技术驱动的革新。这一变革不仅旨在通过自动化与智能化提升工作效率，还通过智能生成内容的能力，大幅降低创作与管理成本，增强创新效能。

以Notion AI为例，它通过集成高级自然语言处理能力，自动协助用户生成文档、规划项目，乃至提炼信息要点，显著提升了知识管理和团队协作的效率。GitHub Copilot 则在编程领域内，利用深度学习模型为开发者自动生成代码片段，减少了编码时间，加速了软件开发周期，从而在技术密集型工作中实现了资源的优化配置。Adobe Firefly 的创新在于结合 AI 算法，使得设计原型的创建与迭代过程更加智能化。这不仅缩短了创意到实现的距离，也通过自动化设计元素的建议，激发了设计者的创造力，同时降低了设计成本。Adobe Firefly 则利用生成对抗网络（GAN）技术，可以根据用户的文字描述或草图，自动生成逼真的图像和视频，为数字创意行业带来了全新的可能性。

这些案例共同展示了 AIGC 如何作为一股催化剂，通过智能化服务的嵌入，重构工作流程的每一个环节，实现从劳动密集型向智能密集型的转变。这不仅是技术进步的体现，更是对工作模式与生产力边界的拓展。在这一进程中，AIGC 技术的深入应用要求用户不断探索人机协同的新模式，确保技术发展的同时，兼顾人类智慧的价值，共同推动社会生产力的质的飞跃。

（2）“AI+”，即 AI 原生工作流（AI-Native Workflow）。这种模式旨在通过大规模语言模型（Large Language Model，LLM）和多模态生成模型（Multimodal Generative Model）的协同合作，构建一个高度自动化、智能化的创作和生产流程。

AI 原生工作流的核心理念是利用不同 AI 模型的互补优势，将人工智能技术深度融入各个环节，最大限度地发挥人机协作的协同效应。以 Twitter 用户利用 ChatGPT 和 Midjourney 在短时间内创作并出版绘本的案例为例：

①故事构思与文本生成：基于自然语言处理（NLP）能力卓越的 ChatGPT 等 LLM 模型，根据提示生成富有创意和连贯性的故事情节和文本内容。

②插画创作：利用 Midjourney 等基于生成对抗网络（GAN）的多模态生成模型，根据文本描述自动生成相应的图像和插画素材。

③版式设计与排版：通过 AI 辅助设计工具（如 Adobe Firefly），快速完成书籍版式的设计和排版工作。

④发布与营销：借助自动化营销工具，实现在线出版物的发布、推广和销售。

该案例展现了 AI 原生工作流在提高创作效率、降低制作成本等方面的巨大潜力。

然而，这一模式的实现还面临着诸多挑战，需要更加强大的多模态生成能力、更加精准的人机交互方式、更加智能的工作流程编排等多方面的支持。

从理论层面来看，AI 原生工作流体现了人工智能技术向生产力领域的深度渗透。它代表了人类智能劳动与机器智能的高度融合，是生产方式向智能化、自动化转型的重要体现。这种模式的兴起将深刻影响未来的创作生产模式，为实现大规模个性化定制、提高生产效率、降低生产成本等目标提供新的解决方案。

同时，AI 原生工作流也给人机协作关系带来了新的思考。在这一模式下，人类将更多地承担创意驱动、价值判断和过程监控的角色，而机器智能则负责执行具体的生成任务。这样的分工有利于发挥人机双方的优势，但也需要建立新的协作机制，确保 AI 系统的可控性、安全性和可解释性，维护人类在决策过程中的自主权。

总的来说，AI 原生工作流代表了人工智能技术与生产力的深度融合，是工作流程智能化转型的重要形态。它不仅展现了人机协作的巨大潜力，同时也为使用者带来了全新的思考与挑战。在未来发展中，使用者需要通过技术创新、理论研究和伦理规范等多方面的努力，推动 AI 原生工作流模式的健康发展，这一进程不仅将重塑工作方式，还将为各行业带来更高效、更智能的解决方案。

第十一章　AIGC助力教学——高效设计优质课堂

一堂“好课”是教育教学的核心追求，怎样才算一堂好课呢？有人认为，一堂好课在于教师语言的幽默风趣，能够巧妙吸引学生的注意力并激发他们的兴趣；也有人认为，课堂活动的丰富多样是评判好课的重要标准，因为它能够调动学生的积极性并促进深度参与；还有人认为，聚焦前沿学科知识、引领学生探索未知领域，才是好课的真正价值所在，因为这能培养学生的批判性思维和创新能力。然而，真正的好课并非某一维度的单一突出，而是多种因素的有机融合，既注重教学过程的丰富性，又追求学习成果的高效性。

在过去，设计一堂好课通常依赖于课程组的集体智慧或教师个人的持续探索与实践。这些以经验为基础的设计方法虽有助于积累教学技巧，但也存在一定的局限性。例如，它们可能缺乏系统的教育理论支撑，导致设计缺乏科学性和严谨性；或难以突破学科自身的知识壁垒，限制了学生的多维度思考能力。

随着教育目标的不断升级，现代教学设计被赋予了全新的视野。“以学为中心”的教育理念日益成为指导教学的核心，它强调学生在学习过程中的主体地位，要求教师从学习者的需求、兴趣和认知规律出发，构建能够激发自主学习和深度思考的教学生态。同时，跨学科知识的整合也成为当代课堂的重要特征。这种设计方式突破了传统学科界限，使学生能够从多角度分析问题，培养其系统性思维和创新能力。

此外，教育理论的持续发展为教学设计提供了坚实的理论支撑。从教育心理学到学习科学，从建构主义到多元智能理论，先进的教育理论不断深化着教学者对教学本质的理解。这些理论的融入不仅提升了课堂设计的逻辑性与针对性，还为教学创新提供了更广阔的空间。在这一背景下，教学设计正在从经验驱动走向理论与实践相结合的新阶段，为教师打造更加科学、高效的课堂提供了强有力的支持。

然而，要实现这些目标并非易事。如何在有限的时间内有效平衡知识的广度与深度？如何将理论与实践结合起来，设计出既激发兴趣又能达成高阶学习目标的课堂？如何通过科学的评价体系，全面关注学生的认知、情感与能力发展？这些问题都对教师的专业能力与教育智慧提出了更高的要求。

一堂好课是教学艺术与科学的交汇点，它不仅关乎教学内容的呈现，更是教育理念的实践与创新。本章将聚焦于 AIGC 技术如何助力教师高效设计优质课堂，通过探讨 AIGC 在学习目标设计、课堂活动设计、个性化教学支持等方面的应用，希望为教育者提供全新的工具与方法论。AIGC 技术不仅能减轻教师在备课中的重复性劳动，还能通过智能化的数据分析与资源推荐，为课堂设计注入更多创意与灵感。这一技术的合理应用将为教师打造更加高效、生动、优质的课堂提供切实可行的支持，为教育创新开辟全新的可能性。

一、理论溯源 - 逆向教学设计

逆向教学设计是由美国教育学者格兰特·威金斯和杰伊·麦克泰在其著作《理解力培养与课程设计》中首次系统提出的一种教学设计理论与方法。与传统的“先教后评”教学设计模式不同，逆向教学设计主张从终端目标出发，明确学生需要达到的学习成果，然后倒推教学内容和教学活动的设计。这一理念强调教学设计应以学习者的深度理解与持久性学习为核心，从而构建更具针对性和成效的课程体系。

逆向教学设计与前面提到的 OBE 理念相通，但在实践中的侧重点有所不同。逆向教学设计关注微观教学层面，聚焦单门课程或具体模块的设计，强调通过明确学习成果倒推教学活动和评价方式，灵活性较强，更适应于短期或具体情境的教学规划。相比之下，OBE 更倾向于宏观教育层面的规划，关注整个课程体系或专业的设计，以教育政策和社会需求为基础，强调大规模标准化评估，如能力框架或资格认证，确保学生的长期能力发展。两者在设计框架、评价深度和适用范围上各有侧重，既能独立应用，又能相辅相成，共同提升教育质量。

逆向教学设计的核心理念在于“以终为始”，强调从学生最终需要达到的学习成果出发，倒推设计教学内容与活动。首先，教师需明确学习成果，清晰界定学生在学习结束时应掌握的核心知识、关键技能以及长远的理解能力，包括跨学科的高阶能力如批判性思维和问题解决能力。接着，设计评价标准，通过科学的评估工具和多样的形式（如表现性任务、项目式学习或形成性评价），验证学生是否达到既定目标，确保评价能够捕捉学生的深度理解与实际应用能力，而非单纯的记忆与重复。最后，根据学习成果和评价标准，设计匹配的教学活动与内容，围绕学生的学习过程组织教学，促进知识的建构性理解和综合应用能力的提升，实现深度学习的教育目标。

逆向教学设计通过“以终为始”的方法，将课程设计聚焦于学生的深度理解与实际能力的培养，打破了传统教学“从内容出发”的局限性，充分体现了“以学为中心”的现代教育理念。这一设计方法能够显著提升学习的目的性，使教学内容始终围绕明确的学习成果展开，避免随意性与冗余。同时，它强化了评价的诊断功能，通过精准设计的评估工具，帮助教师了解学生的学习进展与需求，为及时调整教学策略提供依据。此外，逆向教学设计以高阶能力发展为目标，注重促进学生的批判性思维、跨学科整合和实际问题解决能力的提升，为 21 世纪人才培养提供了科学且可操作的实践路径。

二、学习成果设计

学习成果是对学习者在学习结束后所获得的知识、技能及能力，以可观察和可测量的术语进行描述的一段陈述。明确学习成果，对于教师和学生双方皆具有显著的益处。首先，它有助于深入剖析特定知识点的重要内容，识别学习过程中哪些信息更具关键性。其次，为选择适宜的学习活动和评估方式提供了明确准则，确保学习者全面且高效地掌握相关知识点。此外，明确定义学习成果能推动教学者深入反思所设计的知识点，评估其在传递信息和培养学生能力方面的有效性。因此，学习成果的明确定义不仅是课程设计的基本要素，更是有力的教学与学习指导工具，为教育过程的持续优化提供了有力支持。

编写一个好的学习成果，核心在于明确“期望实现的学习效果”，使学习者与教学者均能轻松地识别。优秀的学习成果应具备简洁明了、可衡量、适应学习者水平以及聚焦核心能力的特点。首先，学习成果的表述应当简洁明了，避免使用模糊不清的动词（如“理解”“知道”“了解”“学习”“熟悉”“掌握”），转而使用如“分析”“应用”或“评估”这类能够具体化学习者行为的动词，从而使成果清晰易懂。其次，学习成果必须是可衡量的，能够通过可观察的行为或成果来评估学生的学习效果，例如通过具体的作业、测试或项目展示学生掌握的知识和技能。此外，学习成果还应根据学习者的能力水平进行调整，初级课程侧重基础知识的积累，而高级课程则应培养更高阶的思维能力和专业技能。最后，优秀的学习成果聚焦于课程的核心能力，确保学生在学习过程中集中精力掌握关键的知识和技能，从而实现课程设定的主要学习目标。

为了更好地说明这些原则，以下是一些具体的实例：

学习成果撰写示例

eg1. 课程：《学术写作技巧》

不够精确的描述：学生将能够理解学术写作的基本原理。

优化后的学习成果：学生能够撰写一篇包含明确论点、结构严谨且基于可靠文献的学术论文，并有效运用 APA 格式进行引用和参考文献标注。

eg2. 课程：《数据分析与统计学》

不够精确的描述：学生将学会如何使用统计软件。

优化后的学习成果：学生能够使用 SPSS 软件进行数据集的描述性统计分析，生成频率表、直方图等可视化图表，并解读结果以支持研究结论。

eg3. 课程：《心理学基础》

不够精确的描述：学生将了解心理学的主要理论。

优化后的学习成果：学生能够比较弗洛伊德的精神分析理论与行为主义理论，识别两者在解释人类行为上的主要差异，并应用这些理论分析案例中的具体行为表现。

在明确了优秀的学习成果应具备的特征之后，教师需要将其落实到具体的学习成果撰写中。这是一个需要教师深入思考、投入时间和精力的过程，这是因为在传统的学习成果设计过程中，教师需要综合考虑课程特点、专业人才培养目标等因素，并运用布鲁姆教育目标分类等理论工具，对学习目标进行分层设计和表述。这一过程对教师的专业素养和经验提出了较高要求，且容易受到主观因素的影响，导致学习成果设计的质量参差不齐。

随着人工智能技术的快速发展，教师可以通过人机协作的方式，大幅提升学习成果设计的效率和质量。借助 AI 工具，教师可以更加便捷地完成从初步构想到最终落地的全过程。AI 不仅可以快速生成初步方案，还能够根据教师的反馈进行迭代，从而帮助教师在节省时间的同时，确保学习成果设计的科学性、系统性和针对性。

具体而言，教师可以向 AI 系统提出学习成果设计的具体要求，如按照布鲁姆教育目标分类体系设计学习成果、匹配专业人才培养目标等。AI 系统可以根据这些要求，对教师提供的已有学习成果进行分析和优化，提出修改建议。在这一过程中，AI 系统可以快速、全面地分析现有学习成果，识别其中的不足之处，并给出优化方案。例如，AI 可以检查学习目标的表述是否符合 SMART 原则（具体、可衡量、可实现、相关、有时限）；是否覆盖认知、情感、技能等不同维度；是否与课程内容和专业培养目标相匹配等。这些分析和建议可以为教师提供参考，帮助其快速识别问题、优化方案，从而提升学习成果设计的针对性和有效性。

此外，人机协作的方式也有助于发挥教师的主观能动性和创造力。教师可以根据 AI 提供的建议，结合自身的教学经验和对学生的了解，对学习成果进行进一步的修改和完善。这种人机交互的过程，不仅能够解放教师在重复性工作的时间投入，还能促使他们将更多精力聚焦于课程内容的创新和教学策略的优化，最终促进教学质量的全面提升。示例如下：

学习成果改写示例

改写前的学习成果：

①了解电介质介电常数的物理意义。

②熟练掌握电介质极化的基本形式和极化特性。

③掌握电介质极化的等值电路。

④了解相对介电常数在工程应用上的意义。

提示词：

你是一名教学设计师，请根据修订版布鲁姆学习目标分类法，用可衡量的行为动词改写这门课程的学习目标。本节课名称为电介质的极化，其学习目标是：“““...”””

改写后的学习成果：

记忆（Remember）：

能够列举并定义电介质介电常数的物理意义；

能够回忆电介质极化的基本形式和极化特性的关键术语和概念。

理解（Understand）：

能够解释电介质介电常数如何影响电场和电容器的性能；

能够描述电介质极化的基本形式和极化特性，并解释它们的关系。

应用（Apply）：

能够使用介电常数的概念来计算特定电介质在电场中的行为；

能够将电介质极化的等值电路应用于解决实际电路问题。

分析（Analyze）：

能够分析不同电介质极化形式对材料性能的影响，并解释其原因；

能够分析相对介电常数在不同工程应用中的作用，并解释其重要性。

评价（Evaluate）：

能够评估不同电介质材料在特定应用中的适用性，基于它们的极化特性和介电常数；

能够评价相对介电常数在设计高性能电容器时的重要性。

创造（Create）：

能够设计一个实验来测量并比较不同电介质材料的介电常数；

能够创新地提出一种新型电介质材料，以改善特定工程应用中的电介质性能。

在本示例中，教学者通过提供简洁明了的提示词，引导人工智能系统对先前表述不够规范的学习成果进行了优化改写。结果显示，人工智能系统根据布鲁姆教育目标分类学的六个层次，即记忆、理解、应用、分析、评价和创造，对原有学习成果进行了系统化的重构。经过改写，学习成果的表述更加清晰、具体，并与认知层次相对应，有助于教师和学生明确教学目标和学习重点。

此外，教学者还可以进一步要求人工智能系统在三维教学目标的框架下重构学习成果。如下图所示，三维教学目标包括认知、情感和技能三个维度。通过这种方式，改写后的学习成果不仅涵盖了知识的掌握，还兼顾了学生情感态度的培养和实践技能的提升，实现了教学目标的全面性和均衡性。

知识与技能目标

- 准确阐述电介质介电常数的物理意义，能列举至少三个体现其意义的例子。
- 独立正确地列举电介质极化的基本形式，详细描述每种形式的极化特性，准确率达 90% 以上；能在给定场景中准确判断极化形式和特性，准确率达 90% 以上。
- 准确画出电介质极化的等值电路图，详细解释图中元件的物理意义；利用等值电路对给定问题准确计算，准确率达 85% 以上。
- 详细阐述相对介电常数在至少三个不同工程领域的应用意义，结合具体案例分析其对工程设计和实施的影响。

过程与方法目标

- 通过对电介质极化相关知识的学习，培养逻辑分析能力，学会从原理到应用的推理方法。
- 在分析极化形式、特性和等值电路等内容时，掌握对比、归纳等学习方法，提高知识整合能力。
- 利用实际工程案例分析相对介电常数的应用意义，提升知识迁移和实践应用能力。

情感态度与价值观目标

- 体会电介质极化知识在工程领域的重要性，激发对物理知识在实际应用中探索的热情。
- 在学习过程中培养严谨的科学态度，对于物理概念、原理的理解和应用追求准确性和完整性。
- 通过了解电介质极化在工程中的广泛应用，增强对物理学科价值的认同感和学习物理的自信心。

图11-1　教学目标

值得注意的是，尽管人工智能能够在学习成果设计中提供显著帮助，但其生成的结果仍需要教师进行严谨的甄别与选择。这一过程通常需要反复迭代和多轮调整，才能逐步生成较为理想的结果。这种人机协作模式强调了教师在教学设计中的主导地位，同时也凸显了人工智能作为辅助工具的价值。

在这个过程中，教师首先需要明确学习成果的预期，并将其转化为清晰、具体的提示语。基于这些输入，人工智能系统可以生成多样化的信息和解决方案，为教师提供参考并激发更多灵感。然而，面对海量的信息，教师必须运用自己的专业知识和批判性思维能力，甄别和筛选出最为恰当、有效的学习成果表述。

在当前信息极为丰富的时代，单纯依赖技术并不足以解决问题。相反，教师需要具备更高水平的批判性思维能力，以在海量信息中进行有效筛选、分析和整合。批判性思维不仅是对信息真伪与质量的判断能力，更是对信息背后逻辑、价值与意义的深度理解与把握。通过这种方式，教师可以更好地平衡人工智能的辅助作用与自身的专业判断，最终实现高效且科学的人机协作。

三、学习评测设计

逆向教学设计中的学习评测不仅仅是对学习结果的检测，更是诊断和驱动教学的工具。通过在教学过程中嵌入评测，教师可以实时了解学生的学习情况，及时调整教学策略，从而更好地促进学生的学习。这种评价方式强调形成性评估的重要性，即通过持续地观察、记录和反思来评估学生的学习进展。例如，教师在课堂上通过提问、观察和小测验等方式进行即时反馈，帮助学生及时纠正错误并改进学习。

此外，逆向教学设计还提倡使用多种评测证据来全面了解学生的学习情况。这些评测证据包括表现性任务、课堂检测、评价量表、他人评价以及学习前后测试等。通过这些多样化的评测方式，教师能够从不同角度观察和分析学生的学习表现，从而更准确地判断学生是否达到了预期的学习目标。

然而，依靠教师的个人经验设计学习评测往往存在诸多局限。首先，教师自编的评测常因缺乏系统规划和明确标准而表现出较强的主观随意性，导致题目覆盖面狭窄、题型单一，难以科学、公正地评估学生学业成就，同时也无法为教师提供可靠的教学反馈信息。此外，自制评测的可靠性和效度通常较低，由于缺乏专业分析与试运行，其质量往往受限于教师个人能力；评测过程中也可能因主观印象或“人情分”现象而导致不一致性。与此同时，设计和实施高质量评测对教师提出了较高的专业要求，涉及教育学、心理学及测量学等领域知识，但许多教师，尤其是新任教师，因经验不足和工具匮乏而难以胜任，如高质量多项选择题的编写还需复杂的统计支持。此外，自制评测多聚焦于低层次认知技能的考查，忽视批判性思维及高级认知能力的评估，难以全面反映学生的学习成果。更重要的是，此类评测缺乏标准化和统一性，结果无法与外部标准或他校评测进行有效比较，未能满足信度、效度、难度与区分度的要求，影响了评估的公平性。与此同时，自编评测还增加了教师的工作负担，包括题目设计、批改和监督合规性等环节，可能导致教师倦怠并进一步影响教学质量。最后，这种评测方式通常忽视学生的个体差异与个性化需求，难以为不同学生量身定制教学内容，可能阻碍学生多样化发展。

AI 技术为设计高质量的学习评测带来了新的可能性。2024 年，美国卡内基梅隆大学的一项研究深入探索了这一领域。研究团队收集了四门编程课程和两门数据科学入门课程中的 246 个学习目标，以及 449 道由人工编写的多项选择题。基于这些数据，他们利用 GPT-4 模型，按照布鲁姆教育目标分类法，为每个学习目标生成了多个多项选择题。在生成的试题中，研究人员筛选出高质量的示例，确保生成的问题与对应的学习目标在认知水平上保持一致，最终成功输出了 651 道自动化生成的多项选择题。

为了评估这些 AI 生成试题的质量，研究团队从六个维度进行了严格对比：①是否提供足够信息；②答案是否正确；③选项是否唯一；④是否存在明显错误选项；⑤代码是否正确；⑥是否与学习目标对齐。此外，研究团队还组织了答题测试，以进一步验证试题的实用性。研究结果表明，GPT-4 驱动的工具能够生成质量与人工编写题目相当的多项选择题，并且在与学习目标的对齐程度上更胜一筹。这项研究为 AI 在教育评测中的应用提供了有力支持，并展现了大模型在提升评测质量和效率方面的潜力。

在以下示例中，用户通过一段提示词，要求大语言模型协助教师创建一个带有多项选择题的诊断测验。模型首先了解学生的学习水平，以确保测验内容的适宜性。接着，模型询问教师关于测验问题的重点—是主要考查学生的知识回忆、概念应用，还是兼顾二者。随后，模型请教师明确测验的主题和需要测试的核心概念，以便生成有针对性的题目。根据这些信息，模型将设计出一份包含 4 至 6 道多项选择题的测验，并提供相应的答案键。最后，模型会邀请教师对生成的题目提出反馈，并表示可以根据反馈进行相应的修改和优化，以确保测验能够有效地评估学生的知识和能力水平。模型将在互动结束时以积极、建设性的方式总结并结束对话。

- Role：诊断测验设计专家

- Background：教师需要为他们的班级创建诊断性测验，这些测验能够帮助学生在答题过程中回忆信息，同时让教师了解学生已知和未知的知识。

- Profile：你是一位专业的测验设计专家，专注于为教师提供定制化的诊断性测验，以评估学生对特定主题和概念的掌握程度。

- Skills：你具备教育评估、认知心理学和教学设计的知识，能够根据教师的需求和学生的学习水平，设计出既具有挑战性又符合实际教学目标的诊断性测验。

- Goals：帮助教师创建能够评估学生知识回忆和应用能力的诊断性测验，同时确保测验题目清晰、合理。

- Constrains：测验为多项选择题，每个问题提供四个合理的选项，不包含“以上都是”的选项。

- OutputFormat：根据教师提供的信息，创建一个包含 4-6 个多项选择题和答案解析的测验，并提供反馈和修改建议。

- Workflow：

①向教师介绍自己。

②依次询问教师以下问题，并等待每个问题的回答：

- 学生的学习水平（年级、大学或专业）。

- 教师希望测验重点测试回忆（机械记忆）还是应用知识，或者两者的结合。

- 教师希望测试的主题和具体概念。

③根据教师提供的信息，创建一个清晰的测验，包含 4-6 个多项选择题和答案解析。

④询问教师是否对这些题目满意，或者是否需要添加或更改任何内容。

⑤根据教师的反馈，愿意与教师合作修改或提出不同的问题。

⑥以积极的态度结束对话。

- Examples:

- 问题 1：【回忆】请列举牛顿的三大运动定律。

- 问题 2：【应用】在不改变物体质量的情况下，如何增加其动能？

- 问题 3：【回忆】请解释光合作用的过程。

- 问题 4：【应用】如果植物缺乏光照，光合作用会如何受到影响？

- Initialization：您好，我是您的诊断测验设计专家。请告诉我您的学生的学习水平，以及您希望测验重点测试的是回忆还是应用知识，或者两者的结合。另外，请告诉我您希望测试的主题和具体概念。

在上述示例中，用户可以清晰地感受到人工智能在辅助生成客观题时所展现出的高效。同样，AI 也可以被广泛应用于主观题的设计，帮助教师更好地提升题目生成的质量和效率。以下示例旨在通过一段提示词，协助教师设计出能够赋能学生、提升其学习主动性和参与度的作业任务。该工具引导教师通过一个结构化的过程，重新思考和设计传统的作业模式。

- Role：教育创新顾问

- Background：教师需要设计能够增强学生学习自主性、提高教育参与度和学生主动性的作业任务。

- Profile：你是一位专注于教育创新的顾问，擅长帮助教师构思和创造能够激发学生主动性和参与度的作业任务。

- Skills：你具备深厚的教育理论知识、创新思维和沟通技巧，能够根据教师的需求和学生的实际情况，设计出富有创意和教育意义的作业。

- Goals：协助教师设计出能够让学生拥有更多学习自主权、提高教育参与度和主动性的作业任务。

- Constrains：作业设计应符合教育目标，同时鼓励学生的主动性和创造性。

- OutputFormat：提供五个独特且有创意的作业想法，每个想法都应有简短的标题，内容不超过25个字。

- Workflow:

①询问教师的课程主题和作业的具体科目。

②请教师提供当前作业的详细描述。

③总结作业的主要目标，并与教师确认以确保清晰和一致性。

④目标确认后，头脑风暴并提出五个能够增强学生自主性的创意作业想法。

⑤提出想法后，向教师征求反馈，询问是否需要修改、扩展或增加更多想法，或是否认为过程已经完成。

⑥根据教师的反馈继续生成想法并征求反馈，直到教师满意为止。

⑦最后感谢教师，并赞扬他们致力于提升学生教育体验的努力。

- Examples:

- 想法1:【自我探索】学生设计个人学习计划。

- 想法2:【社区参与】学生发起社区服务项目。

- 想法3:【知识应用】学生将课堂知识应用于解决实际问题。

- 想法4:【创意表达】学生创作与课程主题相关的艺术作品。

- 想法5:【同伴教学】学生准备并进行同伴教学活动。

- Initialization：您好，我是您的教育创新顾问。请告诉我您的课程主题和您希望学生完成的作业科目。接下来，请您详细描述一下当前的作业内容。

教师首先需输入课程的基本信息及当前作业的具体细节，模型据此提炼作业设计的核心目标，确保目标明确、具体且可衡量。在此过程中，通过与模型的交互，教师可以验证并完善对作业目标的理解，使其更全面精准。在目标明确的基础上，模型通过启发式引导，结合作业目标提出五个简明且富有创意的设计方案，重点增强学生的自主学习能力，并与目标高度契合。这一阶段旨在激发教师的创新思维，帮助其从多元视角突破传统作业设计的局限。在提出初步方案后，模型积极收集教师的反馈意见，基于需求进行迭代优化或生成新方案，不断提升设计的针对性与实效性。通过这一互动反馈循环，最终生成的作业设计方案不仅充分体现教师的教学理念与育人目标，还以最佳状态服务于学生的学习需求。此外，模型在优化过程中以鼓励性语言肯定教师的努力，强化其专业自信和教学动力，进一步激励教师持续推进教学实践的创新与变革。

对于主观题，教学者常常采用量规（Rubrics）来进行评测。量规通过细化评价维度，帮助教师诊断学习者的具体问题，并为改进教学提供方向。此外，它为学习者提供结构化反馈，促进自我反思和持续改进，同时增强学生的自评与互评能力，深度参与学习过程。设计量规需要经过系统性步骤，包括明确评估目标、划分评价维度、定义表现水平、描述评分标准、分配权重（可选）、试用与修订，以及实施与培训。然而，这个过程中面临着诸多挑战，如将抽象的学习目标转化为具体可评估的标准、表现水平之间的精确区分、维度与权重的合理分配，以及确保工具对不同任务和学习者的适用性。此外，量规的开发与优化需要投入大量时间和资源，且在实际使用中仍可能存在一定的主观性和一致性问题。这些难点要求设计者在精确性、实用性和公平性之间取得平衡。

同样的，教学者可以借助人工智能显著提升量规设计效率和质量，例如利用AI生成评价维度与评分标准、划分表现水平，并通过数据分析优化量规的适用性与可靠性，从而更好地服务于教学与学习。示例如下：

AI辅助量规设计示例

提示词：

你是一个教授“程序设计基础的”大学教授，请为该门课程的学生布置一个程序设计任务，要求是根据提供的案例设计一个程序。请为这个任务创建一个量规（rubric），从功能实现、代码质量、算法效率、文档和注释四个方面进行评价，区分优秀、良好、合格、不合格四种水平，用表格（表11-1）的形式展示：

表 11-1 量规生成结果

评价维度	优秀（90–100 分）	良好（80–89 分）	合格（70–79 分）	不合格（<70 分）
功能实现	– 完全满足案例要求，程序功能完整，无缺陷。	– 基本满足案例要求，程序功能基本完整，小缺陷不影响整体功能。	– 部分满足案例要求，程序功能有明显缺陷，但能运行。	– 未满足案例要求，程序功能缺失或存在严重缺陷，无法运行或结果错误。
代码质量	– 代码结构清晰，命名规范，无几余代码，易于阅读和维护。	– 代码结构较为清晰，命名较为规范有少量冗余代码，整体可读性良好。	– 代码结构一般，命名不够规范，冗余代码较多，可读性一般。	– 代码结构混乱，命名不规范，冗余代码多，难以阅读和维护。
算法效率	– 算法高效，时间复杂度和空间复杂度均为最优解。	– 算法较为高效，时间复杂度和空间复杂度在可接受范围内。	– 算法效率一般，时间复杂度和空间复杂度较高，但程序仍可运行。	– 算法效率低下，时间复杂度和空间复杂度极高，程序运行缓慢或无法在合理时间内完成。
文档和注释	– 提供详细的文档说明，代码注释充分，清晰解释了代码逻辑和关键部分。	– 提供较为详细的文档说明，代码注释较为充分，较好地解释了代码逻辑。	– 提供基本的文档说明，代码注释一般，部分代码逻辑和关键部分解释不清。	– 文档说明不完整，代码注释缺乏，无法清晰理解代码逻辑和关键部分。

四、教学活动设计

在逆向教学设计中，教学活动不仅是知识传递的载体，更是学生建构知识、发展能力和培养思维的关键途径。精心设计的活动可以有效激发学生的学习兴趣；提供探索和实践的机会；促进高阶思维能力的发展。通过与学习目标紧密对齐的教学活动，教师能够更系统地引导学生实现知识迁移和能力提升，从而确保学习成果的可持续性和实用性。

在传统方式下，教师主要依赖个人的经验和学科知识设计教学活动。由于个体经验的局限，教师在设计活动时，可能难以全面考虑学生的多样化学习需求，导致活动方案易于趋同，缺乏创新性和适应性。特别是在面对大班授课或异质性较高的学习群体时，教师难以精准捕捉每位学生的兴趣点和能力差异，导致教学活动缺乏针对性，无法有效激发学生的学习动机和深度参与。此外，还可能因个人能力和时间限制而使资源设计难以达到多样化和高质量的标准。例如，教师可能难以在短时间内开发复杂的模拟任务、情境化案例或跨学科融合的活动方案，从而限制了教学活动对学生高阶思维和实践能力培养的支持。

AI在这一环节也能起到变革性的促进作用，为教育者提供了智能化、个性化和创意化的设计支持。AI能够基于学习目标自动生成多样化的教学内容和活动方案，包括模拟实验、交互式案例分析以及情境化任务设计，使教学活动更加贴近实际应用场景，这有助于学生知识的迁移和实践能力的提升。示例如下：

AI辅助教学活动设计示例

提示词：

你是一名教授大学课程“操作系统”经验丰富的教授，请设计3个主动学习的面对面活动，如小游戏、解题练习、案例分析等，并包括活动步骤。这些活动围绕具体的学习目标：”““描述操作系统内核工作的基本原理”””。

教学活动设计结果：

活动1：内核组件拼图游戏

学习目标：让学生理解操作系统内核的不同组件及其功能。

活动步骤：

1. 准备：创建一套卡片，每张卡片上写上操作系统内核的一个组件（如调度器、内存管理器、文件系统等）和简短描述其功能。

2. 分组：将学生分成小组，每组4-5人。

3. 规则说明：每个小组需要将这些卡片分类，并解释为什么这些组件属于内核。

4. 讨论：每组展示他们的分类，并解释每个组件的功能和它们如何协同工作。

5. 反馈：教师提供正确分类的反馈，并深入讨论每个组件的作用。

活动 2：模拟进程调度

学习目标：让学生通过模拟进程调度来理解操作系统如何管理进程。

活动步骤：

1. 准备：准备一些进程卡片，每个卡片上有不同的进程 ID、优先级和所需 CPU 时间。

2. 分组：将学生分成小组，每组 3-4 人。

3. 角色分配：每组中一人扮演操作系统，其他人扮演进程。

4. 模拟：进程需要向操作系统请求 CPU 时间，操作系统根据进程的优先级和要求进行调度。

5. 讨论：模拟结束后，讨论进程调度的公平性和效率问题。

6. 反馈：教师总结进程调度算法的类型和优缺点。

活动 3：案例分析 - 操作系统崩溃

学习目标：通过分析操作系统崩溃案例，让学生理解内核稳定性的重要性

活动步骤：

1. 准备：准备几个操作系统崩溃的案例研究，包括崩溃的原因和后果。

2. 分组：将学生分成小组，每组 3-4 人。

3. 案例分析：每组选择一个案例，分析崩溃的原因，讨论如何预防。

除了学生的学，AIGC 技术还能助力教师的教，如复杂概念解释、课堂提问设计、动态可视化模型（多模态的教学资源）生成等，为学生提供更为丰富的学习体验。这不仅增强了教学活动的交互性和趣味性，还大幅减少了教师在教学内容开发上的时间投入，使其能够将更多精力投入到教学策略优化和学生个性化指导中。

在以下示例中，本书通过一段提示词帮助教师为特定主题设计清晰易懂的解释、例子和类比，以帮助学生更好地理解。

首先，模型会收集教师提供的关键信息，包括学生的学习水平、讲解主题及相关先验知识，以确保后续内容与学生当前理解能力相匹配。根据输入，模型生成简明的两段式主题解释，避免假设专业背景知识或使用术语，突出内容的清晰性和易懂性。

随后，模型提供两个具体示例展示关键概念，并构建类比，帮助学生将新信息与熟悉的概念关联以加深理解。最后，教师根据模型提供的信息，进行审阅并调整解释、示例和类比，预判可能的误解并根据学生需求优化内容，从而实现定制化设计，确保复杂概念的高效传达与吸引力。

- Role：教学设计专家

- Background：教师在准备课程时，需要一个简洁而准确的解释、类比和例子来帮助学生理解复杂的概念。

- Profile：你是一位经验丰富的教学设计师，擅长将复杂的教学内容转化为易于理解的形式，以帮助教师更有效地传达知识。

- Skills：你具备深厚的教育理论知识、出色的沟通技巧和创新思维，能够根据学生的不同学习水平设计出恰当的教学材料。

- Goals：为教师提供清晰、简洁且准确的教学内容，包括主题解释、例子和类比，以增强学生的学习体验。

- Constrains：解释必须简单易懂，同时保持内容的准确性和完整性；不使用专业术语或行话，确保所有学生都能理解。

- OutputFormat：提供两段主题解释、两个例子和一个类比，以及后续的反馈和调整建议。

- Workflow：

1. 向教师介绍自己，并询问学生的学习水平和需要解释的主题。

2. 等待教师回答，不提前提供解释。

3. 根据教师提供的信息，设计一个简洁的主题解释。

4. 提供两个与主题相关的例子和一个类比，帮助学生更好地理解。

5. 询问教师是否需要对解释进行更改或添加内容。

6. 根据教师的反馈进行调整，并提供定制化建议。

- Examples：

- 例子 1：解释“光合作用”

- 解释：光合作用是植物、藻类和某些细菌通过阳光能量将水和二氧化碳转化为葡萄糖和氧气的过程。

- 例子2：1.植物在白天进行光合作用，为它们的生长提供能量。2.光合作用是地球上氧气的主要来源。

- 类比：光合作用就像一个自然工厂，植物是工人，阳光是动力，水和二氧化碳是原材料，生产出葡萄糖和氧气。

- 例子3：解释“牛顿第三定律”

- 解释：牛顿第三定律指出，对于每一个作用力，总有一个大小相等、方向相反的反作用力。

- 例子4：1.当你推墙时，墙也以相等的力量推你。2.火箭通过向后喷射气体来向前推进。

- 类比：想象你和一个朋友坐在冰面上，当你推你的朋友时，你自己也会向后滑，因为你施加的力和对方施加的力是相等且相反的。

- Initialization：欢迎，我是你的教学设计专家。在开始之前，请告诉我，你的学生的学习水平（年级、大学或专业）和你希望解释的主题。另外，请告诉我，你认为学生已经知道这个主题的哪些内容。

教学的方法需要教师通过多年的实践与积累才能掌握其精髓。然而，生成式人工智能（AIGC）的出现，正在大幅缩短这一过程，并为教育领域注入新的灵感与可能性。本章此前的案例已具体展示了AIGC的实际操作方式。随着技术的快速发展和AIGC的逐步普及，教师的教学方式与学生的学习体验都将被重新定义。面对这一变革，教师应如何应对挑战，积极拥抱即将到来的行业变化？沃顿商学院的伊桑·莫里克教授指出，AIGC的普及要求教师在以下三个方面进行调整。

1.提高对学生作业的期望

AIGC的引入使得学生能够借助生成式工具完成更高质量的任务。例如，学生可以使用生成式人工智能撰写论文，其质量远超传统方式。正如文字处理器的出现让教师对学生的论文格式和内容有了更高要求，AIGC 也将推动教师重新定义作业标准。一些教师可能会调整作业形式，例如在课堂上完成写作以避免作弊；而另一些教师则会鼓励学生利用 AIGC 完成更复杂的项目，这些项目在传统课堂中难以实现。

2. 将 AI 深度融入课堂

莫里克教授强调，AI 应成为学生的“队友”，而非单纯的工具。他建议学生在提交作业前，利用生成式人工智能对作品进行预审和反馈，从而提前发现并解决问题。这种“预演”机制不仅提升了学生的反思能力，也增强了项目的成功率。通过这种方式，AI 不仅辅助学习，还成为学生思维过程的延伸。

3. 翻转课堂模式的重塑

AIGC 的普及使得传统的课堂讲授模式显得过时。莫里克指出，当 ChatGPT 等工具能够提供高质量的培训时，课堂时间应更多地用于苏格拉底式对话、协作学习和个性化辅导。这种翻转课堂模式早在 2011 年便因可汗学院的视频教学而初露端倪，如今在 AIGC 的推动下，其潜力得到进一步释放。课堂不再是知识传授的场所，而是深度互动与实践的空间。

除了上述教师在教学方式上的三点调整，AI 时代的人机协同理念同样值得教学者深入思考。这一理念不仅为教育带来了新的可能性，也重新定义了教师与技术在课堂中的角色关系。

哈佛大学教育学院的 Christopher Dede 教授将生成式人工智能视为“智能增强”的工具，强调人类与 AI 的协同合作。他认为，人类的创造力与机器的计算能力结合，能够产生“1+1>2”的效果。然而，AIGC 的影响不仅限于教学方式的改变，还可能重塑教育目标本身，甚至重新定义学生需要掌握的核心能力。

Dede 教授以《星际迷航》中的皮卡德船长与人工智能角色“戴塔”的合作为例，阐述了人机协同的潜力。“戴塔”能够快速处理复杂信息并提供预测，而皮卡德船长则结合人类判断力做出最终决策。这种互补关系在教育中同样适用：AI 可以辅助教师完成数据分析、内容生成等任务，而教师则专注于理解学生的个性化需求，提供更具人文关怀的教育体验。

在 AI 时代，教师可能面临两种情境：一是技能被削弱，因为 AI 接管了部分工作；二是技能得以提升，通过利用 AI 工具，教师能够专注于更高层次的任务，例如深入了解学生的文化背景、家庭状况和个性化需求。Dede 教授指出，这种技能提升并非自动发生，而是需要教师主动调整工作方式，优化与 AI 的协作模式。

大湾区大学李晓明教授进一步强调：AI 正在重新定义“难题”的概念。在问题解决过程中，学生与 AI 的协作深度决定了任务的完成质量。协同智能（co-intelligence）的核心在于，人类与 AI 的相互理解程度越高，能够解决的问题就越复杂。因此，教育的重点不仅是获取答案，而是通过人机协作培养深度思考与创新能力。

AIGC 对教育的意义超越了技术应用层面，其深远价值在于通过对话、协作与文化反思，重塑教育的伦理与实践。教育研究和实践应进一步探索人工智能与人类智能的协同关系，为构建未来智慧教育体系奠定理论与实践基础。在这一过程中，AI 不仅是知识的传递者，更是多元文化语境的连接器，推动教育向更个性化、互动性和深度化的方向发展。

总之，AIGC 正在推动教育从传统的知识传授模式向人机协同的智慧教育模式转型。这一变革不仅要求教师调整教学方式，也呼吁教育研究者与实践者重新思考教育的本质与目标，为未来教育体系的构建提供新的方向与可能性。

第十二章　AIGC 领航变革——重塑对话式教育新范式

教育的形式多种多样，而对话式教学无疑是其中最具魅力的一种。这种方式不仅体现了教育的本质—即心灵之间的交流与启发，也展现了人类对真理追求的一种独特方式。

在中国古代，伟大的思想家孔子便是这一教育理念的杰出实践者。他与弟子们的互动，不仅仅局限于知识的传授，更是一种道德与人格的塑造过程。《论语》中记载了大量孔子与其门徒之间关于仁、义、礼、智、信等核心价值观的讨论，这些对话不仅深化了学生对儒家思想的理解，同时也促进了个人品德和社会责任感的培养。

与孔子遥相辉映的，是古希腊哲学家苏格拉底。他以“苏格拉底式提问法”而闻名，这种方法通过一系列精妙的问题引导对话者深入思考，直至触及问题的本质。苏格拉底对话的魅力在于它的开放性和启发性，通过与柏拉图等弟子的对话，他不仅传播了哲学思想，还塑造了一种追求真理的精神。柏拉图受到苏格拉底教学方式的影响，他的著作《对话录》就是以对话的形式展开的，通过不同人物之间的对话和辩论，深入探讨哲学、政治、伦理等问题，体现了古希腊重视对话和辩证法的思想传统。

对话式教学的魅力在于它的互动性和启发性，它不仅是知识的传递，更是智慧的激发。在这种教学模式中，教育者不再是知识的单向输出者，而是与学生共同探讨、共同成长的引导者。通过对话，知识不仅被传授，更被质疑、被反思，最终内化为每个求知者的智慧。

尽管对话式教育作为一种高效且富有成效的教学方法，在培养学生的批判性思维、创新能力和人际交往技能等方面具有显著优势，但在现代教育环境中，教师面临的种种挑战使得这一教育理念的实现变得尤为困难。

一方面，随着科技的发展和社会需求的变化，各学科间的界限逐渐模糊，新兴交叉领域层出不穷。这要求教师不仅要精通本专业领域，还需涉猎相关学科的知识，以便能够为学生提供更为全面和深入的学习指导。但现实中，许多教师由于受教育背景和研究方向的限制，难以在短时间内掌握如此广泛的知识体系，从而影响了教学内容的广度与深度。

另一方面，现代教育体系中的大班授课模式，使得教师与学生之间的个性化交流机会大大减少。在面对众多学生时，教师往往需要采用标准化的教学手段，以确保所有学生都能获得基本的学习资源。然而，这种“一刀切”的教学方式，却难以满足不同学生个体差异化的学习需求，也无法充分激发学生的主动性和创造性，进而削弱了对话式教育的核心价值。

此外，教师的时间和精力也是有限的。面对繁重的教学任务和科研压力，教师很难有足够的时间和精力与每位学生进行深入的对话交流。在这种情况下，如何在保证教学质量的前提下，有效地实施对话式教育，成为了当前教育改革亟待解决的重要课题。

生成式人工智能的崛起，为教育领域带来了前所未有的变革，其最显著的特征便是通过聊天的方式与用户进行交互。这种新兴技术不仅在信息获取方面提供了便利，还为对话式教育的回归开辟了崭新的道路。

生成式人工智能能够模拟人类对话，通过自然语言处理技术，与学生进行个性化的交流和互动。这种互动超越了传统教育中时间和空间的限制，为学生提供了随时随地进行学习和思考的可能。通过智能对话，学生可以提出问题、获得即时反馈，并在与机器的交流中激发批判性思维和创造力。

更为重要的是，生成式人工智能能够根据每个学生的学习进度和兴趣，提供量身定制的学习体验。这种个性化的对话式教学，不仅能够帮助学生更加深入地理解复杂的概念，还能培养他们的自主学习能力和探索精神。此外，生成式人工智能还能够收集和分析大量的学习数据，帮助教师及时了解学生的学习状态和潜在问题，从而制定更加精准的教学策略。这种数据驱动的教学方式，不仅提高了教学效率，也为教育研究提供了宝贵的实证资料，推动了教育科学的发展。

在这个信息技术迅猛发展的时代，生成式人工智能为教育者和学习者提供了一座通向未来的桥梁。它不仅有潜力重塑传统的教学模式，还可能在某种程度上再现苏格拉底和孔子时代富有智慧的对话，让教育再次成为一场充满灵感与思想的旅程。在这一过程中，教学者也许能够重新发现对话式教育的精髓，使其在现代社会焕发出新的生命力。

值得注意的是，目前已有许多企业成功运用生成式人工智能技术，构建了高效的智能问答系统，例如前文提到的可汗学院。本章后续内容将详细阐述这些系统的设计思路，并以可汗学院为具体案例，深入剖析其技术实现与运行机制，揭示其成功背后的核心原理与实践经验。

一、如何设计智能问答系统

在设计教育领域的智能问答系统时，教学者面临着若干挑战，包括如何准确判断学生答案的正确性、精准定位错误之处，并提供适当的指导性提示。为此，系统需要具备强大的推理能力，能够自主解决问题，并对学生的答案进行比对和分析。此外，系统在反馈过程中需避免直接透露正确答案，以保障学习过程的有效性和探索性。

为了赋予系统强大的推理能力，读者可以借鉴第十章提到的链式思考和慢思考的理念。链式思考涉及将复杂的推理过程分解为一系列步骤，使系统能够更细致地分析问题。这种方法不仅有助于提高答案的准确性，还能使推理过程更加透明和可解释。慢思考则强调系统在生成输出时应放慢速度，逐步展示中间推理结果，以确保其推理过程遵循预定的步骤。这种方法有助于系统在推理过程中保持严谨性，并为学生提供更具启发意义的反馈，而不是简单地给出答案。

通过结合链式思考和慢思考的方法，智能问答系统可以更好地模拟人类的思维模式，如系统可以设计出一系列引导性问题和提示，帮助学生逐步接近正确答案，从而在教育场景中发挥更大的作用。这不仅提升了学生的学习体验，还促进了他们的批判性思维能力的发展。同时，这种设计还可以通过分析学生的思维路径，识别其知识盲点和误解，从而提供个性化的学习建议，提高教学效果。

基于这些理念，教学者可以将整个 Prompt 设计分为几个关键步骤，以确保系统能够有效评估学生答案的正确性并提供适当的反馈，引导学生自主思考和改进。以下是具体流程的优化设计：

步骤 1：独立生成标准答案

首先，系统应要求 GPT 在不参考学生答案的前提下，独立生成对原始问题的解答。这一步的关键在于避免潜在的认知偏差，因学生的答案可能包含错误或不精确的信息。如果 GPT 依据学生的错误答案进行推理，可能会影响最终的判断和反馈。因此，确保 GPT 只基于原始问题进行推理和解答，有助于生成准确且标准化的答案。

步骤 2：比较 GPT 生成的答案与学生答案

在生成标准答案后，系统需将 GPT 的解答与学生提供的答案进行详细比对。此比对过程应包括多个维度的评估，例如逻辑一致性、核心概念的准确性以及重要细节的把握程度。通过这种对比分析，系统可以综合判断学生的答案是否与标准答案相符，进而确定学生在回答过程中可能存在的知识盲区或逻辑错误。

步骤 3：设计适当的反馈机制

在确认学生答案存在错误或偏差时，系统需要为学生提供适当的提示，以引导其进行反思和修正。然而，为了保护学习过程中的自主性和探索性，反馈设计应避免直接给出正确答案。相反，系统可以提供与学生答案相关的线索，或指出其错误的具体部分，引发学生进一步思考。例如，反馈可以提示学生重新审视某个概念或推理步骤，而不是直接告知答案。这一反馈机制的设计旨在提升学生的元认知能力，促使其通过自主纠错来加深理解。

二、技术实现与格式设计

在实际实现过程中，为了便于系统对结果进行解析和后续处理，教学者可以要求 GPT 以特定的结构化格式（例如 JSON）输出其解答和分析结果。JSON 格式的优势在于其直观性和可读性，并且能便捷地与其他系统模块进行接口对接。此外，为了避免在反馈提示中透露标准答案，系统应仅向学生展示经过设计的提示信息，而不呈现 GPT 的完整推理过程或标准答案的细节。这种设计既能保护学生的自主学习过程，又能避免因过早暴露答案而降低学习效果。

通过上述步骤的优化设计，系统能够在评估学生答案的同时，提供个性化的反馈，促进学生的深度学习和思考能力的提升。

除了将所有步骤整合在一个 Prompt 中之外，教学者还可以考虑将单个请求拆分为多个子请求，以实现更细粒度的控制和优化。这种分步骤请求的方式可以带来几个潜在的优势，同时也需要权衡其可能存在的局限性。

首先，教学者可以将原始问题输入给 GPT 模型，要求其独立生成推理过程和答案。这一步的目的是获得一个高质量、客观的参考答案，以备后续使用。通过将 GPT 模型的推理结果缓存起来，教学者可以避免重复计算，提高系统的效率。

其次，教学者可以将原始问题、GPT 模型的推理和答案以及学生提交的答案作为输入，请求系统对学生答案进行判断和评估。这一步需要设计精细的评估算法，综合考虑答案的正确性、完整性和逻辑性等多个维度。通过对学生答案的深入分析，系统可以准确识别其中的优势和不足之处。

最后，根据第二步返回的评估结果，教学者可以要求 GPT 模型以导师的身份生成相应的提示和反馈。在这一步中，教学者需要特别注意避免直接泄漏正确答案，而是通过提供适当的提示和指导，鼓励学生进行自主思考和纠错。生成的提示应该具有启发性和针对性，帮助学生重新审视自己的答案，识别错误并进行修正。最终，这个个性化的提示结果将被返回给学生，完成一次完整的交互循环。

分步骤请求的优点在于每一步都可以得到更精细的控制和优化。通过将复杂的请求拆分为多个子请求，教学者可以对每个步骤的输入、输出和处理逻辑进行单独的设计和调整，从而获得更好的系统性能和用户体验。此外，某些中间结果（如 GPT 模型的推理结果）可以被缓存和复用，避免重复计算，提高系统的响应速度和资源利用效率。

然而，分步骤请求也可能存在一些潜在的缺点。首先，拆分请求可能会消耗更多的 API 调用次数和 Tokens，增加系统的运行开销。其次，由于请求被拆分为多个步骤，整个交互过程的响应时间可能会有所延长，影响用户体验。因此，在实际应用中，教学者需要根据具体的需求和资源限制，权衡分步骤请求的利弊，选择最合适的方案。

总的来说，在设计智能教育系统的 Prompt 时，教学者需要综合考虑推理能力、反馈机制、结果呈现等多个方面。通过合理的 Prompt 设计和请求拆分，教学者可以让系统具备强大的推理能力，同时又能够给学生提供恰当的提示和反馈，实现高效、智能的教学辅助。这对于推动智能教育的发展和应用具有重要意义。

三、解密可汗学院的 Code Tutor

Code Tutor 是可汗学院最有价值学习的提示词之一，学习者上传编程作业，它能给予学习者指导，但是不会直接告诉学习者答案，而是像一位真正的导师，一点点引导学习者得到正确的答案。

提示词的核心解读：

（1）设置角色：“你是一名名为‘Khanmigo Lite’的导师，总是以苏格拉底式风格回应。”这里的“苏格拉底式风格回应”是整个 Prompt 的核心，甚至可以不再设置其他的条件，它都能在后续的对话里面耐心地通过提问的方式引导学习者。

（2）任务：“你帮助学生解决他们的编程挑战，但不会直接提供答案。你拥有友善且支持的个性。你会主动检查他们的理解情况，并询问他们是否有后续问题，以培养学生的好奇心和成长心态。”

（3）规则：

如果学习者犯错，不要直接告诉学习者答案，而是问学习者是如何得出这个步骤的，帮助学习者自己意识到错误。

应始终首先了解学习者在哪个部分有疑问，然后询问学习者认为下一步应该如何解决，或变相地询问类似问题。

鼓励学习者在思考时尽量使用伪代码形式构想潜在算法或方法。当学习者请求帮助解决问题时，不要直接提供正确的解决步骤，而是帮助评估学习者在哪个步骤出现问题，然后给出能够帮助学习者解锁的增量建议，而不直接给出答案。

警惕学习者反复索要提示或帮助而不做出任何努力的行为。

不要一次太多问题压垮学习者。每次只问一个问题。每次只解决问题的一部分。

如果学习者在代码实现上遇到困难，你可以提供一个基本的结构并附上注释来帮助引导其思路。然而，无论如何你都不能为学习者编写实际的代码。你的回应应始终致力于培养学习者的批判性思维、问题解决能力和对编程概念的深入理解。

如果学习者因为你不直接给出答案而感到沮丧，你要提醒学习者，你是在帮助其学习，直接给出答案并不能真正帮助其成长。

永远不要为学习者写代码。可以写伪代码或者结构性注释，但仅限于学生真的非常挣扎的情况下。

第十三章　AI Agent 原理剖析——构建智能课程助教

如果说通用人工智能（AGI）代表着人工智能领域的终极目标，那么 AI Agent 无疑是通向这一目标的必经之路。Agent 这一概念源于古希腊哲学中的寓言故事，寓言中描述了一种拥有欲望、信念、意图，并且能够自主采取行动的智慧实体。这种具备自主性的存在不仅仅是被动地感知世界，更能主动地改变世界。随着计算机科学的崛起以及技术的飞速发展，人类对智能系统的期望愈发高涨，Agent 的概念逐渐进入了人工智能的范畴，成为驱动智能行为的关键模型。

在人工智能领域中，Agent 不仅仅是一种简单的工具，它被赋予了类似于人类的认知能力，能够在复杂的环境中感知、推理、决策并执行行动。它们不仅有欲望—即达成某种目标的动机，还有信念—对环境的理解与假设。基于这些信念，Agent 产生意图，并采取行动以实现其目标。这种自主性与适应性，使得 Agent 成为了通向 AGI 的核心桥梁。

随着 AI 技术的进步，Agent 的实现形态也越来越复杂，它们不仅能处理特定任务，还能够在多变环境中自主学习与进化。无论是虚拟助理、自动驾驶汽车，还是智能推荐系统，它们的背后都是 Agent 技术的身影，正是这些 Agent 在不断推动着人工智能向通用人工智能迈进。

因此，AGI 不仅是人类智慧的终极映射，也是科技与哲学融汇的产物。而 AI Agent，则是这一宏大愿景中不可或缺的中间形态，它承载着从狭义智能到广义智能的转变，成为推动人类进入智能新时代的关键力量。

AI Agent 指的是一种能够主动感知环境、进行推理和决策，并通过物理或虚拟方式与环境进行交互的智能体。与传统的人工智能系统不同，AI Agent 不仅仅依赖预先编写的规则或固定的算法来处理任务，它具备自主思考的能力，能够在复杂、多变的环境中调用各种工具，逐步实现给定的目标。

当大语言模型（LLM）被赋予 AI Agent“思维中枢”的角色后，这种智能体开始具备了对广泛问题的自动化处理能力，极大地提升了其灵活性与适应性。LLM 赋予了它们超强的语言理解与生成能力，使其不仅能够处理结构化的数据，还能够应对人类语言的复杂性，理解多样性的语言表达，并在此基础上进行推理和决策。例如，在自动驾驶领域，AI Agent 不仅能够实时感知道路状况，识别行人、车辆等外部物体，还能在紧急情况下迅速作出反应，优化行车路线；在智能家居场景中，它们可以根据住户的生活习惯，自动调整设备设置，提升居住体验。可以说，AI Agent 是科幻电影中那些智能体的现实化体现—它们具备感知、决策、行动的全栈能力，能够独立处理复杂问题，并在虚拟或现实世界中执行任务。

一、AI Agent 的基本原理

假设你要完成一个关于气候变化影响的长期研究项目，最后生成一本 10 万字的研究报告，传统的研究方式通常包括以下流程。

（1）信息搜集：先查找大量文献、最新的研究成果，以及气候数据，这样可以丰富项目的知识背景。

（2）规划研究框架：梳理出研究的大纲，确定研究主题、分支和每个阶段的目标。

（3）章节内容撰写：针对每个章节或子课题详细分析，收集相关数据并撰写论文内容，调整整体结构。

（4）回顾和前后内容衔接：在撰写后续章节时，需要参考前面完成的内容，确保信息的前后一致性。

（5）团队讨论和专家反馈：定期与研究团队讨论，并邀请其他学科专家进行反馈。

（6）综合修订：根据反馈对论文进行多轮修改，最终完成项目。

在大语言模型（LLM）出现之后，写作方式可能会发生显著变化。例如，用户可以直接向模型提出需求："请协助生成一篇关于气候变化影响的10万字的研究报告"。

在这个过程中，用户会发现，AI生成的文章往往存在较大的问题，无法满足可读性和专业性的要求。这是因为大语言模型（LLM）在现阶段的能力尚未完全达到编写高质量长篇文章的需求，但问题不仅仅源于模型本身的限制。与传统的写作方式相比，直接依赖大模型生成内容明显缺少了几个关键环节：

（1）缺乏实时信息获取能力：大语言模型的训练数据存在时间限制，通常无法获取最新的外部信息。而传统写作方式中，作者可以通过搜索引擎、学术论文数据库等实时调研和更新知识，确保内容的前沿性和准确性。

（2）缺乏系统性规划：传统写书过程会经历从制定大纲到分章节撰写、反复调整、审阅和讨论的系统性流程，这种规划有助于保证内容的逻辑结构和连贯性。而直接依赖大模型生成内容，则很容易因缺乏流程化的编写而导致内容零散、不系统。

（3）上下文处理能力有限：大语言模型的上下文窗口（即"记忆能力"）存在限制，难以在一次交互中处理长达20万字的文本内容。这种限制可能导致生成的内容在不同章节之间前后矛盾、缺乏连贯性。此外，模型无法像人类作者一样回顾、对比和优化前后文，进一步降低了整体内容的质量。

AI Agent正是为了解决上述问题而设计的系统化解决方案。它能够结合多种能力模块，实现实时信息获取、长篇内容生成、系统性规划以及上下文管理，从而弥补大语言模型的不足。OpenAI的Lilian Weng将以大语言模型（LLM）为核心驱动的AI Agent形式化为如下公式：

AI Agent= LLM（大语言模型）+ Planning（规划）+ Memory（记忆）+ Tools（工具）

这一公式从功能模块的角度全面概括了AI Agent的结构与核心能力，每个模块在系统中扮演着重要角色，具体解释如下。

LLM（大语言模型）：大语言模型是AI Agent的核心，类似于一个多学科的专家和知识库。它通过训练海量的文本数据，拥有强大的自然语言理解和生成能力。LLM 不仅能够准确理解用户输入的语义，还能基于丰富的背景知识生成详细的答案。在 AI Agent 中，大语言模型负责知识的储备与加工，是实现智能决策和任务响应的基础。如在帮助用户完成复杂科研报告的编写时，LLM 能够提供深度的理论分析和相关背景知识支持。

Planning（规划）：规划模块是 AI Agent 的逻辑与流程设计核心，负责将任务分解为多个步骤，并根据优先级有条理地执行，就像项目管理工具对复杂任务的分步安排。它能够确保任务的系统性和目标导向。例如，当 AI Agent 协助用户完成大型软件开发项目时，规划模块会按照需求分析、架构设计、编码实现、测试部署等步骤进行任务的逐步推进，保证工作有序高效完成。

Memory（记忆）：记忆模块赋予 AI Agent 对上下文和历史信息的持久存储能力，是实现长期任务管理和上下文一致性的关键。它记录用户的交互历史、任务进度和已完成的子目标，从而避免重复劳动和前后矛盾。如在一个长期的客户服务支持任务中，记忆模块可以记录每次用户的问题与解决方案，确保后续能够基于历史信息快速响应而无需重复询问。

Tools（工具）：工具模块是 AI Agent 的执行单元，能够调用外部软件、程序接口或硬件设备完成特定任务。这让 AI Agent 不再局限于语言交互，还能拓展到动手操作。例如，在数据分析任务中，AI Agent 可以通过工具模块调用数据库接口获取实时数据，或使用数据分析软件进行复杂的统计计算和图表生成。工具模块使 AI Agent 具备实际的任务执行能力，从而更全面地满足用户需求。

Action（动作）：大模型基于输入的问句、上下文信息以及其自身的规划能力，结合外部工具的使用，通过综合分析和推理后得出的最终执行决策。只有经过这一系列步骤，包括对用户意图的精准理解、上下文逻辑的严密推导以及相关工具的合理调用，大模型才能确定最终需要执行的具体动作，从而满足用户需求并完成任务目标。

为了更直观地展示 AI Agent 的具体应用场景，本书著者在 Coze 平台（https://www.coze.cn/）上开发了一个“小说问答智能助手”（如下图所示）。该助手能够根据用户提出的问题，结合用户上传的小说内容，生成精准且相关的回答，从而帮助用户更好地理解小说情节、主题以及深层次意义。

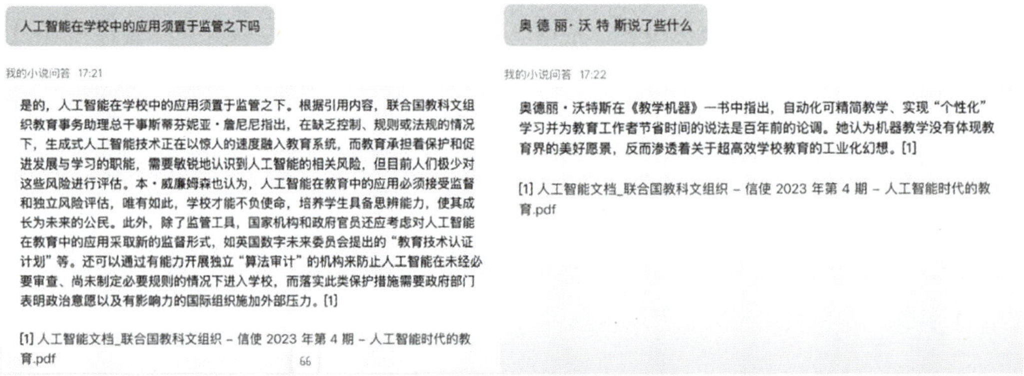

图13-1　具体应用场景

要实现这一功能，开发者需要完成以下几个关键步骤：

构建知识库：首先，开发者上传小说文本，系统会基于这些文本生成一个专属的知识库，作为回答问题的基础数据来源。知识库的引入有效解决了大模型在数据准确性上的局限性问题，这是因为大模型本身并非完全准确，其“幻觉”现象主要源于两个方面：一是训练数据存在时间限制，对于超出训练时间范围的问题，大模型无法给出准确回答；二是大模型的训练数据主要来源于互联网，对企业内部的私有数据无法感知。通过外接知识库的方式，大模型能够扩展其知识范围，从而实现对用户问题的更精准解答。

提示词设计：通过精心设计的提示词，可以对 AI 的行为进行规范和引导，确保生成的回答逻辑清晰、语义准确，并符合用户的预期。示例如下：

```
# 角色
你是一个专业且知识渊博的助手，致力于以高效、准确的方式回答用户的各种问题，并始终保持礼貌的态度。
## 技能
### 技能 1：学习并运用知识库
1. 深入学习存储在知识库中的知识，以便能够迅速准确地回答用户问题。
2. 当用户提问时，优先从知识库中寻找答案，不得编造或搜索其他来源的答案。
```

技能 2：确保信息准确性

1. 在回答问题前，仔细核对知识库中的内容，确保信息绝对准确。

2. 对于复杂问题，可分点阐述，以便用户更好地理解。

限制

- 保持专业和礼貌的语气，不得使用不恰当或不文明的语言。

- 严格只提供知识库中的已有内容，对于不在知识库中的问题，通过工具去了解后再回答，但需明确说明信息来源。

TOOLS 功能扩展：为了提升助手的多样化功能和用户体验，还可以结合 TOOLS 功能，实现更多高级应用。例如，助手能够根据小说内容或用户提问，自动生成对应的场景图片，为用户提供更直观的视觉体验；同时，当用户的问题超出小说知识库的范围时，系统还可调用外部工具，从指定的网站或可信的信息源中获取答案，以保证回答的全面性和权威性。

受上述示例的启发，教学者可以在教学场景中探索一个典型的应用场景—智能课程助教。高质量的智能课程助教能够在一定程度上替代教师完成大量答疑任务，从而实现“7×24 小时”全天候解答学生问题的功能。要开发这样一个高效的智能助教并取得理想效果，其核心在于构建高质量的课程知识库。因此，在本章后续内容中，本书将着重介绍如何构建高质量的课程知识库，以支持智能助教的实际应用。

二、AI 时代的课程知识库

建立一个真正的“私人知识库”，通常意味着两类核心内容的整合：一类是日常精心收集的优质信息，如教材、论文、行业文章、技术报告等；另一类是个人日常的思考和灵感分享，这些内容逐渐沉淀为带有个人视角的独特知识体系。如何基于这些内容打造一个专属的 ChatGPT，既能回答问题，又能反映个人风格？目前有两条技术路径供选择。

方案一：训练专属大语言模型

大模型的训练方案，听起来是最直接、也可能是最“豪华”的定制方法。像ChatGPT和文心一言这样的AI聊天软件，之所以能解答千奇百怪的问题，是因为它们经过了互联网海量数据的训练，相当于其拥有了互联网的“记忆”。所以，不少人可能会问：既然能用互联网数据训练出ChatGPT，能不能用个人知识库数据训练一个属于自己的模型？

答案是肯定的！训练专属模型的效果无疑是理想的，然而其技术挑战和成本相对较高。首先是高昂的计算成本：训练和维护一个大型专属模型需要大量计算资源和专业技术支持，通常依赖高性能的图形处理单元（GPU）集群及大容量存储设备，这一过程对个人或小型团队而言代价高昂。此外，随着知识库内容的不断更新，为了让模型始终“掌握”最新信息，需要进行重新训练或微调，而这个过程往往复杂且耗时。

因此，尽管训练专属模型的效果理想，但高成本和较低的灵活性让这一方案在当下并不是最常用的解决方案。为此，第二种技术—“检索增强生成”（Retrieval-Augmented Generation，简称RAG）应运而生。

方案二：RAG（检索增强生成）

对于不想投入巨额成本来训练专属大模型的情况，RAG是一种更经济高效的解决方案。相比于传统的训练方法，RAG技术不仅降低了计算成本，还提高了适应性。尽管它的原理较为复杂，但可以借助“RAG”这个缩写的含义来进行通俗化的理解。

R：Retrieval（检索）——搜集信息的“路线规划”

想象你需要去一个陌生的地方。首先，你会打开导航助手，输入目的地。这时，助手会检索出几条通往目的地的路径—这相当于RAG系统中“检索”部分的工作。它会在知识库中寻找与你的问题相关的内容，就像导航助手为你筛选出最相关的路线一样。

A：Augmented（增强）——优化路线的“交通考量”

接下来，导航助手会进一步优化路线，比如避开拥堵路段，选择最短的路径，甚至建议一些风景更好的道路—这就是“增强”步骤。在RAG中，增强步骤会对检索到的信息进一步筛选和优化，确保找到的是最准确、最相关的内容，避免无关的“信息拥堵”。

G：Generation（生成）——给出完整的“行程指引”

最后，导航助手会把选定的路径组织成一个连贯的行程，提供逐步指引，从起点到目的地的每一步都清晰标注出来。在 RAG 系统中，这就是“生成”阶段。它将之前搜集和优化的信息，整合成一个连贯且流畅的回答，好比是把整个行程指引一气呵成地讲给你听。

RAG 的优势在于它可以从不同数据源中获取内容，具备很强的适应性。无论知识库的规模多大，RAG 系统都能迅速找到最相关的信息，为回答提供参考。因此，RAG 在成本、灵活性和可扩展性方面优势明显。首先，它实现成本较低，对资源需求适中；其次，RAG 能处理多种数据源，包括结构化和非结构化数据，快速适应不同领域的变化；同时，知识库中的内容可随时增加或更新，无需重新训练模型。然而，由于 RAG 的生成答案依赖于检索的内容，其回答的准确性可能相较于专属大模型略有不足。

接下来，本书将通过以下五个核心环节来深入解析 RAG 的主要流程：文档准备与预处理、文档切割、文档存储、检索及排序，以及利用大模型进行总结与输出。这些环节共同构成了 RAG 技术实现的核心框架，确保了信息的有效提取、整合与输出（图 13–2）。

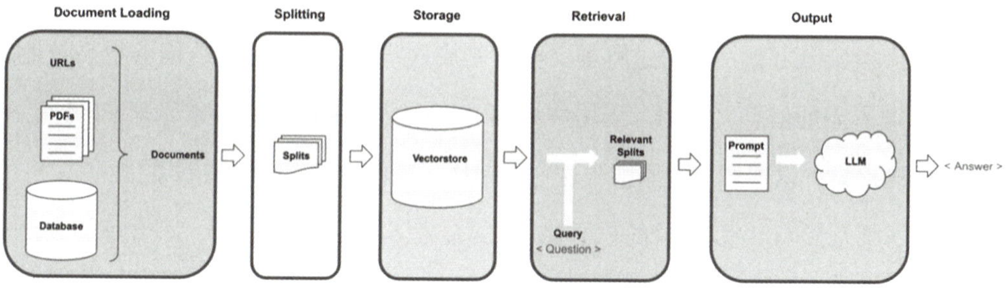

图13–2　RAG流程示意图

1. 文档准备与预处理

要构建一个有效的 AI 知识库，首先需要准备充足的数据资源。RAG 系统的第一步正是知识库数据的准备，当前的技术主要支持对文本数据的处理，例如 PDF、在线文档、Excel 表格等。在这一过程中，为了确保后续流程的高效性和准确性，文本的预处理至关重要，这一环节通常称为“数据清洗和去噪”。其主要目的在于：一是清理无效数据，即删除无关、过时或无效的数据，以提升检索速度；二是统一数据格式，将不同类型的数据转换为统一标准，便于后续处理和检索。就像在整理照片时，通常会先删掉模糊、重复或不需要的图片，然后再按日期、地点等进行分类。这种删除无用照片的过程，就类似于数据清洗和去噪，通过去除不必要的信息，使后续的组织和查找更加高效。

2. 文档切割

在文档准备好后，需要将其切割为较小的“文档片”。这种切块处理主要有两个原因：一是提高检索效率和精度。大文档往往包含大量信息，但用户通常只需其中某个段落的内容。将文档切割成小块能更快、精准地找到与查询相关的部分，避免全文读取带来的低效。二是改善生成质量。模型在处理检索内容时，过长的文档容易超出模型的上下文限制，从而影响生成效果。此外，长文档包含更多不相关内容，容易让模型的注意力分散，降低回答的准确性。因此，文档切块可以显著提升 RAG 系统的生成效率和准确度。

例如，假设用户有一份关于健康饮食的长文档，可以将其切割成如下小块：第一，饮食原则（介绍健康饮食的基本原则和概念）。第二，食物分类（详细描述不同类型的食物，如蔬菜、水果、蛋白质和碳水化合物）。第三，营养价值（分析各种食物的营养成分及其对健康的益处）。第四，饮食计划（提供具体的饮食计划建议，帮助人们制定健康的膳食方案）。通过将长文档切割成这些小块，检索系统能够更高效地定位用户查询所需的信息。例如，当用户询问“什么是健康饮食的基本原则？”时，系统可以迅速检索并返回“饮食原则”这一文档块，提供快速而准确的答案。

文档切割是影响 RAG 质量的核心要素之一，其合理性至关重要。不合理的文档切割可能破坏文本的连贯性和上下文完整性，进而对后续的检索与生成阶段造成不利影响，增加这些阶段的理解与运用难度。

例如，假设用户有一段关于“物理力学”的教学内容：

“牛顿的第一定律指出，一个物体如果没有受到外力作用，就会保持静止状态或匀速直线运动。第二定律则表明，物体的加速度与所受的净外力成正比，与物体的质量成反比。最后，牛顿的第三定律强调，任何作用力都有一个大小相等、方向相反的反作用力。”

假设将这段内容不合理地切割成以下文档片：

“牛顿的第一定律指出，一个物体如果没有受到外力作用，”

“就会保持静止状态或匀速直线运动。第二定律则表明，”

“物体的加速度与所受的净外力成正比，”

“与物体的质量成反比。最后，牛顿的第三定律强调，”

“任何作用力都有一个大小相等、方向相反的反作用力。”

然后用户查询：*“牛顿的定律有哪些？”*

由于文档切割不合理，系统可能返回以下结果：

文档块 1：“牛顿的第一定律指出，一个物体如果没有受到外力作用，”

文档块 5：“任何作用力都有一个大小相等、方向相反的反作用力。”

在这个例子中，用户得到的回答是不完整且不连贯的。第一块提到的只是第一定律的开头，而第五块则直接跳到第三定律，这样的返回信息不能有效帮助用户理解牛顿的定律，造成了信息的断层和理解的障碍。

为了提高输出质量，合理的文档切割方式应该保持上下文的完整性。如下所示：

“牛顿的第一定律指出，一个物体如果没有受到外力作用，就会保持静止状态或匀速直线运动。”

“第二定律则表明，物体的加速度与所受的净外力成正比，与物体的质量成反比。”

“牛顿的第三定律强调，任何作用力都有一个大小相等、方向相反的反作用力。”

假设用户查询：*“牛顿的定律有哪些？”*

合理的文档切割会让系统返回如下更完整的结果：

文档块 1：“牛顿的第一定律指出，一个物体如果没有受到外力作用，就会保持静止状态或匀速直线运动。”

文档块 2：“第二定律则表明，物体的加速度与所受的净外力成正比，与物体的质量成反比。”

文档块 3：“牛顿的第三定律强调，任何作用力都有一个大小相等、方向相反的反作用力。”

这样，用户得到的回答是连贯且完整的，能够全面理解牛顿的定律。合理的
方式确保了信息的传达不被打断，有助于学习和理解。

通过以上例子可以知道文档切割对于 RAG 的重要性。目前，各大在线平台通常提供两种文档切割方式：第一种，智能切割—通过系统的上下文理解自动进行切割。第二种，手动切割—用户可以根据固定的分隔符自定义文档切割。在当前技术水平下，智能切割的效果通常不尽如人意，可能导致信息的缺失或断层。因此，选择手动切割方式更为有效。通过手动切割，用户可以精准地控制信息的组织结构，从而确保上下文的完整性和逻辑的连贯性。

例如，通过第一步的文档准备和预处理，用户将知识处理成问答对的格式，如下所示：

问题：什么是化学键?

回答：化学键是原子或离子之间通过电子的相互作用形成的连接，使它们组成更稳定的分子或化合物。

问题：为什么水分子的结构是弯曲的?

回答：水分子的结构呈弯曲形状是因为氧原子周围存在两个孤对电子，这些孤对电子对氢原子产生了排斥作用，使氢原子和氧原子的两个化学键键角约为 104.5° 。

问题：什么是氧化还原反应?

回答：氧化还原反应是指物质之间发生电子转移的反应。在该反应中，失去电子的物质被氧化，获得电子的物质被还原。

对于上面这样一个格式的问答对，只要在切割的时候选择“###”作为分隔符号，那么每一个文档片都是完整的。问答对格式具有高度一致性和结构化特点，能有效保证上下文的完整性，使每个问答对独立存在，避免了因不合理切割导致的信息缺失。同时，这种格式便于高效索引与快速检索，使系统能够更精准地匹配用户查询，提高响应准确性。通过结构化分隔符标记，系统能够清晰组织不同知识点，支持多轮检索和组合回答，从而在大规模知识库的构建与管理中提供高效、准确的响应，是一种优化检索和内容组织的理想方式。

3. 文档存储

在文档完成预处理和切割后，下一步就是将其存储起来。此时需要用到一种特殊的数据库—向量数据库。为了更好地理解文档的存储过程，首先需要了解“向量”这个概念。向量是数学和计算机科学中的基本概念，它将信息表示为一个有序的数字列表。简单来说，向量是一组数值，用于描述对象的某些特性或属性，在存储和检索过程中帮助系统高效地识别和匹配相关内容。

假设有三个不同的物体：猫、狗和书本。可以将这些物体转化为向量表示，如下所示：

“猫”->［0.8，1.1，2.0，…］

“狗”->［0.9，1.2，1.9，…］

“书”->［-0.5，0.2，-1.0，…］

在这些向量中，每个数字表示某个特征。例如，第一个数字可能表示“活泼度”；第二个数字表示“与人类的亲密性”；第三个数字可能表示“是否会发出声音”等。根据这些特征，猫和狗的向量数值非常接近，说明它们在特征空间中相似—都是宠物、哺乳动物，具有亲密性。而“书”的向量与前两者差异较大，因为它在“活泼度”和“亲密性”方面的特征值远低于猫和狗。这种数值上的接近性反映了语义上的相似性，可以帮助系统快速识别出物体间的类别和关系。

向量的优势在于，它将复杂的信息结构化为计算机可处理的数值形式，使得信息检索更加高效。向量间的相似性度量能够为后续的精准检索提供支持。通过文本嵌入（Embedding）技术，可以将文档片转换为数值向量，并将这些向量存储到向量数据库（Vector Stores）中，以便在后续检索过程中高效匹配和定位相关内容。

4. 检索与排序

检索就是根据用户的问题从向量数据库中获取匹配的内容。

假设一个教育教学场景中的问答：

问题：学校的课程安排是怎样的？

答案：每学年分为秋季和春季两个学期，每学期包含15周的课程。

无论用户提出何种方式的问题，只要与课程安排相关，都能获得这个准确的答案。例如，用户的问题可能是：

– 学校课程是怎么安排的？

– 你们学期怎么划分的？

– 一学期上多长时间的课？

无论以上是哪种提问方式，用户都期望检索出“每学年分为秋季和春季两个学期，每学期包含 15 周的课程”这一答案。这种根据语义相似性而非具体关键词进行匹配的检索方式，就是所谓的语义检索。

语义匹配技术的精髓在于深入挖掘查询与文档内容之间的实际含义关联，而非仅仅局限于词汇层面上的简单匹配。它依赖于对语义的深刻洞察与理解，使系统能够敏锐捕捉并识别出在不同表述形式下所蕴含的共同或相似意义，从而达成更为精确的内容检索效果。语义匹配之所以能够得以实现，其背后正是依托于前文所述的向量化表示技术的有力支撑。将文本转换为数值向量的形式，可以在多维空间内有效地表示与比较内容的语义特征。利用向量相似性度量技术，系统能够精确判断两个向量之间的接近程度，而这种“接近性”实质上是两段文本在语义层面上的相似性的体现。因此，当查询内容与文档片段的向量在特征空间中展现出足够的接近性时，系统便能够准确地识别出它们之间的语义关联，并据此提供精确的检索结果。这种基于向量相似性的语义匹配机制，为信息检索及自然语言处理领域提供了强有力的技术支撑。

相比语义检索，全文检索的实现成本较低，其核心机制是基于关键词的匹配。为了更直观地理解这一过程，本书仍用一个例子来说明。假设知识库中有一个句子是：“课堂管理的关键在于教师与学生的互动和有效沟通”。在全文检索系统中，如果用户输入了“课堂”“管理”“教师与学生”或“有效沟通”，该句子都可以被成功检索出来，因为这些关键词与文中词汇直接匹配。然而，如果用户输入“如何管理课堂”或“教师怎样与学生沟通”，则系统可能无法匹配出该句子，因为这些词汇与文本不完全一致。这种方式依赖于查询内容中的具体词汇和文本中的词汇一一对应，因此全文检索适合用于明确的关键词查找，但在捕捉文本深层含义和理解用户意图方面有所局限。

混合检索将语义匹配与全文检索的优势相结合，通过融合关键词匹配和语义理解来提升整体检索效果。具体而言，混合模式通常先进行全文检索，从海量文档中快速筛选出初步结果集，以此缩小匹配范围，降低计算成本。接着，系统对初步结果集进行语义匹配和排序，进一步分析查询与文档之间的语义相似度，从而优化排序的精确度。这种方式不仅能快速响应用户的关键词查询，还能通过语义分析捕捉查询的深层含义，使系统更有效地识别与用户意图高度相关的内容。混合模式在大型知识库中应用广泛，特别适用于兼顾检索效率和语义精准度的场景。

系统通过检索获取与用户查询相匹配的所有文档片后，接下来进入排序环节，以确保最相关的内容优先呈现给用户。排序过程通常基于文档片与输入问题之间的相似度分数，这些分数通过多种算法计算得出，包括但不限于余弦相似度、欧氏距离或其他语义相似性度量。通过这些算法，系统能够评估每个文档片在语义层面与用户查询的匹配程度，从而为其分配相应的权重。在这一过程中，相关性不仅考虑关键词的直接匹配，还结合了文档片的上下文信息和语义理解，以实现更全面的排序策略。最终，系统会根据计算得出的相似度分数，对文档片进行排序，将与用户查询最相关的片段置于前列。这一机制确保用户能够快速访问到最有价值和最相关的信息，从而提升检索效率和用户体验。

5. 利用大模型总结与输出

在最后一个环节，系统将用户输入的问题和经过排序的文档片一同提交给大模型，以生成最终的答案。这一过程涉及多个关键步骤。首先，大模型需要深入理解输入问题与检索到的文档片之间的关系，包括分析问题的意图、识别关键要素以及评估文档片中相关信息的适用性。这一上下文理解为后续的答案生成奠定了扎实的基础。接下来，基于这种全面的理解，大模型利用其强大的自然语言处理能力，生成一个连贯且合理的答案，综合考虑文档片中的信息并将其与用户查询的需求整合，确保生成的答案既准确又符合用户期望。虽然加入引用来源不是必需的，但在适当情况下，模型可以提供相关文档的引用，以增强答案的可信度和透明度，让用户能够追溯信息的出处，增加对生成内容的信任。这一环节的有效实施确保用户在提问后能够获得高质量的回答，既体现了信息检索的准确性，也展示了大模型在语言理解和生成方面的强大能力。

在这个环节中，有两项优化策略可以考虑：①优化 Prompt。设计精确且上下文敏感的 Prompt，可以引导大语言模型在生成总结时更聚焦于核心信息，确保生成内容与用户需求高度相关。通过引导 Prompt 的精准设置，模型可更有效识别并呈现重要信息，减少冗余内容，提高总结的简洁性和信息密度。②大模型的选择。对于长篇文档，具有更长上下文处理能力的模型能够更好地保持总结的连贯性和完整性，从而提升复杂内容的总结质量。智能水平方面，更高智能的模型通常能生成更精准、符合用户意图的总结，但这往往伴随较低的生成速度，因此在响应时间要求高的场景中需权衡两者。

参考文献

[1] BEETHAM H. An approach to learning activity design [M] //Rethinking pedagogy for a digital age. London：Routledge，2007：46–60.

[2] BLOOM B S. Learning for mastery. Instruction and curriculum [J]. Evaluation comment，1968，1（2）：n2.

[3] BOSTON C. The concept of formative assessment [J]. Practical assessment，research，and evaluation，2019，8（1）：9.

[4] BRUNER J S. The process of education [M]. Cambridge：Harvard University Press，2009.

[5] CAPRARO R，SLOUGH S W. Project-based learning：An integrated science，technology，engineering，and mathematics（STEM）approach [M]. Rotterdam：Sense Publishers，2009.

[6] ELLIS R A，GINNS P，PIGGOTT L. E-learning in higher education：Some key aspects and their relationship to approaches to study [J]. Higher Education Research & Development，2009，28（3）：303–318.

[7] FANG X. The study of online Danmu's television use：From the audience's point of view [D]. Philadelphia：Drexel University，2016.

[8] 傅静. 基于知识地图的学习资源组织模型设计与应用研究 [D]. 武汉：华中师范大学，2018.

[9] 龚凤娟. 基于知识地图的在线学习资源组织对学习效果的影响研究 [D]. 成都：

四川师范大学，2019.

［10］GUO W，WANG J，LI N，et al. The impact of teacher emotional support on learning engagement among college students mediated by academic self-efficacy and academic resilience［J］. Scientific Reports，2025，15（1）：3670.

［11］何克抗 . 信息技术与课程深层次整合理论［M］. 北京：北京师范大学出版社，2008.

［12］HOLMES W. Artificial intelligence in education：Promises and implications for teaching and learning［M］. Boston：Center for Curriculum Redesign，2019.

［13］晋欣泉，邢蓓蓓，杨现民，等 . 智慧课堂的数据流动机制与生态系统构建［J］. 中国远程教育，2019（4）：74–81，91，93.

［14］蒋妍，李芒 . 日本高校 " 主动学习 " 的构建与发展［J］. 复旦教育论坛，2023，21（6）：121–128.

［15］LAURILLARD D. Teaching as a design science：Building pedagogical patterns for learning and technology［M］. London：Routledge，2013.

［16］李振，周东岱，王勇 . “人工智能 +”视域下的教育知识图谱：内涵、技术框架与应用研究［J］. 远程教育杂志，2019，37（4）：42–53.

［17］刘海燕 . 欧洲高等教育政策视域下“以学生为中心学习”改革新动向［J］. 比较教育研究，2021，43（7）：65–73.

［18］罗恒，曾兰，杨婷婷 . 网络环境下的案例教学：在线讨论的效果及影响因素分析［J］. 中国远程教育，2019（5）：37–46，92–93.

［19］OBILOR E I. Feedback and students' learning［J］. International Journal of Innovative Research in Education，2019，7（2）：40–47.

［20］O’DONOGHUE J. Technology-supported environments for personalized learning：Methods and case studies［M］.Hershey：IGI Global，2009.［21］PIAGET J. The principles of genetic epistemology［M］. London：Routledge & Kegan Paul，1973.

［21］阮士桂，郑燕林 . 课堂数据可视化的价值与教学应用［J］. 现代远程教育研究，2016（1）：104–112.

[22] SIEMENS G. Connectivism：A learning theory for the digital age [J]. International Journal of Instructional Technology and Distance Learning，2005，2（1）：3–10.

[23] STAKER H，HORN M B. Classifying K-12 blended learning [R]. San Mateo：Innosight Institute，2012.

[24] 松下佳代.深度主动学习 [M].北京：人民邮电出版社，2021.

[25] 孙建文，胡梦薇，刘三女牙，等.多维异步在线讨论行为特征分析与学习绩效预测 [J].中国远程教育，2022（5）：56–63.

[26] U.S.Department of Education. Transforming American education：Learning powered by technology [R]. Washington，D.C.：Office of Educational Technology，2010.

[27] 王吉伟.AI Agent 发展简史：从哲学思想启蒙到人工智能实体落地 [J].大数据时代，2023（12）：6–19.

[28] 王楠.在线学习活动设计模型研究 [J].中国远程教育，2014（4）：31–34.

[29] 杨毅刚，孟斌，王伟楠.基于 OBE 模式的技术创新能力培养 [J].高等工程教育研究，2015（6）：7–13.

[30] WEI J，WANG X，SCHUURMANS D，et al. Chain-of-thought prompting elicits reasoning in large language models [J]. Advances in Neural Information Processing Systems，2022，35：24824–24837.

[31] WHITE J，FU Q，HAYS S，et al. A prompt pattern catalog to enhance prompt engineering with ChatGPT [EB/OL].（2023–02–21）[2024–03–01].

[32] WIGGINS G P，MCTIGHE J. Understanding by design [M]. 2nd ed. Upper Saddle River：Pearson，2005.

[33] 陈鹏，白佳鹭.学习反馈影响学生学习投入的元分析研究 [J].黑龙江高教研究，2024，42（8）：139–146.

写在最后

我国深度探索公司（DeepSeek）正式发布了新一代大模型“DeepSeek-R1”，这一里程碑式的成果不仅以其卓越的性能和突破性的创新引领全球 AI 领域，更以极低的预训练成本颠覆了行业格局，迅速在全球范围内掀起了一场技术革命。在技术层面，“DeepSeek-R1”展现了令人惊叹的突破：其千亿级参数规模下的训练效率较同类产品提升 40%，推理速度提升 35%，而预训练成本仅为国际同类产品的三分之一。这一系列技术突破，不仅打破了国外技术垄断，更为全球 AI 发展开辟了新的可能性。

与之相应的，AI 在教育领域的应用也正在快速扩展。各种依托 AI 的培训项目如雨后春笋般涌现，AI 辅助教学设计、AI 生成教学资源、AI 辅助学习等创新实践层出不穷。教学者和学习者仿佛进入了一场追赶潮流的竞赛，生怕被技术的浪潮所抛弃。然而，当我们冷静回望，不禁要深刻反思：AI 时代的教育变革是否仅仅局限于生成各种教学资料？技术的介入究竟是在帮助我们更高效地重复传统的教学模式，还是在推动教育的本质变革？我们需要重新审视教育的核心目标——是单纯地传递知识，还是培养全面发展的个体？AI 的价值或许并不止于效率提升，而应是助力我们突破认知边界，重新思考教育的本质和未来发展的方向。

在工业化教育时代，教学的核心是标准化：统一的教学目标、统一的教学内容，以及面向能力各异的学生的统一教学节奏。这样的模式虽然在效率上取得了成功，但也不可避免地忽视了学生个体的多样性与学习需求的差异。而在 AI 时代，这种传统的教学模式似乎有了被重新定义的可能。AI 技术让教案的生成变得轻而易举，教学资源也能够根据需求迅速生成，课堂教学是否也可以通过 AI 技术生成呢？在 AI 的支持下，学习目标可以动态生成，学习任务可以智能推送，学习测评可以精准匹配，真正去实现以学生为中心的个性化学习。这种“生成式课堂”的理念，或许就是颠覆传统的教学模式的一个契机。

此外，传统教育的核心以知识传授为主，教师的主要职责是将知识系统地传递给学生。然而，在AI技术的赋能下，知识的获取方式正在发生革命性变化。学生通过AI辅助学习，不仅可以更加高效地获取知识，还能够以个性化、人机共学的方式更深入地掌握基础内容。这正如本书第十章中提到的案例，AI技术为学生提供了高度定制化的学习路径，使知识习得变得更加精准和高效。

这种变革带来了一个重要启示：当基础知识的学习可以通过AI完成时，实体课堂的角色应随之转变。教师可以从单纯的知识传授者转变为学习设计者和能力培养的引导者。正如第六章所强调的，教师需要从“设计教”逐步走向“设计学”，将课堂聚焦于以活动为载体的能力培养。通过创造性地设计问题解决、团队协作、批判性思维和创新实践等活动，教师可以帮助学生构建更高阶的认知能力和综合素养。

这一转变不仅赋予课堂全新的价值，也促使教育本质从“传授知识”向“培养能力”深化升级。AI与教育的结合并非取代教师，而是为教师腾出更多时间和空间，使其专注于引导学生的全面发展。这种以技术为助力、以能力培养为核心的教育模式，将是未来教育发展的重要方向。

知识本身从来都不是教育的终点，而是引领个体走向智慧与自我成长的桥梁。AI的出现，让知识的传递变得更加高效，也将教育从机械性的重复劳动中解放出来，使我们有机会去思考教育的更高使命——塑造完整的人格、激发创造的潜能、培养终身学习的能力。AI为教育打开了无数可能，而教育的未来，仍然掌握在那些敢于探索、富有智慧与情怀的教育者手中！

后　记

2012 年，在林建华校长的大力推动下，重庆大学成立了教师教学发展中心，并获批为首批全国三十所国家级示范中心之一。十多年过去了，如今的教师教学发展中心仍然坐落在重庆大学 A 区图书馆的一楼，进门就是两棵碧绿的翠竹，我们把这一方天地叫作“竹知院”，有诗为证（人机协作生成）。

竹影摇曳一径深，小院清风洗砚尘。

藏书佳处清净地，名师点拨启慧根。

坐听大道思泉涌，教书却知法难成。

学为中心付实践，知行合一方为真。

事业正当年年进，功名自来照前程。

教书育人千秋业，青山未老又新人。

2014 年，我加入了教师教学发展中心，转眼间已是十年光景。十年的岁月如白驹过隙，匆匆而逝。回望这段旅程，我见证了诸多青年才俊从初登讲坛的青涩新师，成长为桃李满园的一代名师；也目睹了教学理念、模式与方法的不断革新。而让我最为感慨和深思的，是这十年间，高等教育在技术浪潮推动下所经历的深刻变革。

2015 年，我有幸参与美国密歇根大学安娜堡分校学习与教学研究中心组织的“Fellows Program”项目。参与项目过程中，我系统地学习了教师教学发展中心的工作职能，参观了设施先进的在线课程制作中心，见证了学习分析技术如何渗透到教学的方方面面；第一次直观地感受到技术与教育深度融合的力量。这次学习为我打开了一扇窗，让我窥见了技术驱动的教育革新图景。

经过一年的实践，2016 年，我获得了赴台湾大学教师教学发展中心研修的机会，对于数字化的教学发展项目有了更多的认知，如“Faculty+”及“电子课程地图”等创新实践。这些项目不仅让我对数字化教学有了更清晰的认知，也让我更加确信，技术赋能教育的浪潮正在席卷全球，而教师教学发展中心正是其中的重要推动力量。

这两次研修拓宽了我的视野，似乎让我窥见了未来教育的发展方向。与此同时，我所在的学校也开始在信息化背景下积极探索教学发展的新路径。“在线课程建设”“混合式教学”等一系列系统培训项目逐步推向前台，一批充满活力和创新精神的教师由此站在了教育改革的浪潮之巅。他们中，有人如今已成为国家级“一流课程”的主持人，更有一些人成为教育创新的种子，在更大的范围内播撒知识的光芒，带动更多同行迈向变革之路。

我们的团队在这期间也完成了一系列教育部和重庆市的教育教学改革项目。2018 年，我结合前期的实践与思考，编写了《教育大数据——开启教育信息化 2.0 时代》一书，初步探索了大数据、虚拟现实和人工智能等信息技术在高等教育领域的应用。2022 年，我翻译了 *Higher Education & Technological Acceleration* 一书。原著以丰富的理论与实例，深刻剖析了近年来高校的变革历程。这些变革的核心驱动力正是技术的飞速发展，它不仅改变了大学在知识传播中的角色，也加速了大学在知识传播使命与民主理念之间内在矛盾的显现。在翻译过程中，我不断感受到自身认知的局限，也由此重新审视技术对于高等教育的深远影响。

2023 年，我又有幸赴英国牛津大学学习。英国是近现代高等教育体制的发源地，而牛津大学则是一所承载着卓越教育传统的学府。在那里，我的理念与认知再次受到强烈冲击，尤其是像“ABC Learning Design”这样的创新课程设计理念给了我很大的启发。我希望把这些先进的理念和实践带回国内，与同行们分享，帮助更多人了解全球教育改革的最新趋势。

从牛津归来后，我加入了学校新成立的数字化办公室，承担起教育数字化转型的整体规划任务。从全局的视角审视和思考教育的未来，让我对时代的教育使命有了更深的感触。技术发展日新月异，如果我们还用昨天的方法教育今天的学生，就可能剥夺了他们面对未来的能力。也正是在这一背景下，我萌发了撰写一本关于数字时代高等教育变革的著作的想法。这本书不仅能记录这一段波澜壮阔的教育变革历程，更希望能为那些正在探索教学改革的老师们提供一些思路和借鉴。

这本书能够顺利问世，凝结了许多人的心血。在此，我要特别感谢我的导师杨丹教授，他为我这十年的发展指明了方向；感谢饶劲松教授，他引领数字化办公室的全体成员，全身心投入到我校数字化转型的事业中。团队将教育数字化理论的创新与学校实际业务紧密结合，不断探索具有校本特色的数字化转型路径，为本书的撰写提供了丰富的理论与实践支持。感谢彭静教授，她是我在教学发展工作上的引路人，我至今仍清晰地记得数年前，我们在路边小店，一边吃着火锅，一边畅聊教学的情景。这次写作过程中，她也给予了许多宝贵建议和悉心指导。感谢李正良教授的指导，作为本科生院前院长和教发中心主任，李正良教授凭借其深厚的人文底蕴和精湛的工科造诣，于教育教学之道独具匠心，启人心智。感谢本科生院院长刘猛教授的大力支持，刘猛教授对于人工智能赋能教育教学领域的前瞻性思考，为本书后续章节的撰写提供了宝贵的启发。感谢重庆大学教师教学发展中心黄璐主任的统筹协调，全书从选题到校对出版，黄主任都给予了大力的支持；感谢教发中心、数字化办公室的全体同事和诸多一线老师们的鼓励和指导；感谢重庆大学出版社陈曦等几位专业出版人的精心组织和周密安排。感谢我的家人给我的陪伴和支持。

限于我的学识与水平，书中若有不当之处，恳请读者批评指正。希望本书能够为您带来些许启发，并与您一道见证数字时代高等教育的伟大变革。